Wendy Susan Deaton, MA, MFT
Michael Hertica, MS, MFT

Creciendo Libre
Manual para Sobrevivientes de la Violencia Doméstica

Pre-publication
REVIEWS,
COMMENTARIES,
EVALUATIONS . . .

"As a nurse educator, I will make *Growing Free* required reading for nursing students at all levels of education. Nurses are in a unique position to intervene in domestic violence. Simply giving this manual to a client who seems to be suffering in a relationship would be a powerful thing to do. Reading this text may also give some students insight into their own experiences and encourage them to apply the authors' suggestions to circumstances in which they can identify coercion, verbal abuse, or humiliation—whether at work, in training, or in their family."

Beatrice Crofts Yorker, RN, JD
Professor of Nursing,
Georgia State University,
Decatur

"In *Growing Free,* the authors have captured the essence of what survivors really need—recognition of their struggle, information on the big picture, and clear options about what they can do now. The simple outline of safety plans under a variety of conditions makes a complex subject manageable. Most important, the authors address the 'how to' of rebuilding one's life.

This is a necessary book for anyone who is scared and starting to think about what it would take to 'grow free.' Friends and relatives of a person in a domestic violence situation can use this very helpful book as a guide. I recommend it highly."

Colleen Friend, LCSW
Field Work Consultant,
UCLA Department
of Social Welfare,
School of Public Policy
& Social Research

NOTES FOR PROFESSIONAL LIBRARIANS AND LIBRARY USERS

This is an original book title published by The Haworth Maltreatment and Trauma Press®, an imprint of The Haworth Press, Inc. Unless otherwise noted in specific chapters with attribution, materials in this book have not been previously published elsewhere in any format or language.

CONSERVATION AND PRESERVATION NOTES

All books published by The Haworth Press, Inc. and its imprints are printed on certified pH neutral, acid free book grade paper. This paper meets the minimum requirements of American National Standard for Information Sciences-Permanence of Paper for Printed Material, ANSI Z39.48-1984.

Creciendo Libre

Manual para Sobrevivientes de la Violencia Doméstica

Creciendo Libre
Manual para Sobrevivientes de la Violencia Doméstica

Wendy Susan Deaton, MA, MFT
Michael Hertica, MS, MFT

Traducido por
Christell J. Quinche, MA

Routledge
Taylor & Francis Group
New York London

First published 2003 by The Haworth Press, Inc.

Published 2017 by Routledge
711 Third Avenue, New York, NY 10017, USA
2 Park Square, Milton Park, Abingdon, Oxon OX14 4RN

First issued in hardback 2017

Routledge is an imprint of the Taylor & Francis Group, an informa business

Library of Congress Cataloging-in-Publication Data

Deaton, Wendy.
[Growing free. Spanish]
Creciendo libre : manual para sobrevivientes de la violencia doméstica / Wendy Susan Deaton, Michael Hertica ; traducido por Christell J. Quinche.
p. cm.
Translation of: Growing free.
Includes index.
ISBN 0-7890-1899-3 (soft : alk. paper)
1. Family violence—Psychological aspects. 2. Victims of family violence—Psychology. I. Hertica, Michael. II. Title.
HV6626.D4318 2003
362.82'924—dc22

2003017539

ISBN 13: 978-1-138-46283-0 (hbk)
ISBN 13: 978-0-7890-1899-1 (pbk)

Para Summer y Heather
Que sus futuros sean libres de violencia
y llena de serenidad.
Quien las quiere, Nana

Para 1736,
Nicole y Curtis,
Gracias, Mike

CONTENIDO

SOBRE LOS AUTORES

Wendy Susan Deaton, MA, MFT, ha tenido su licenciatura en terapia matrimonial y familiar y a brindado estos servicios en su consultorio privado desde 1982. Ella ha trabajado extensamente en el área de victimizacion y abuso, incluyendo tratamiento individual y entrenamientos a la policía, abogados, trabajadores sociales, personal de alberges, proveedores de servicio medico y psicológico. Publicaciones profesionales escritos por Wendy incluye dos ediciones de *Child Sexual Abuse Dispute Annotated Bibliography* y los *Manuales de Crecimiento y Recuperación (Growth and Recovery Workbooks),* una serie de artículos terapéuticos para niños. *Crecimiento y Recuperación* incluye una serie de manuales dedicados a como vivir bajo la violencia doméstica, abuso sexual, y otros tipos de traumas presenciados y vividos por los niños. Sus artículos profesionales han aparecido en al *CAPSAC Consultant,* el *ASPAC Advisor,* y en el *Nurse Practioner Forum.* Ella ha sido parte de la Junta de Directores de la Sociedad Profesional de California en el Abuso de Niños (CAPSAC) desde 1993.

Teniente Michael Hertica, MS, MFT, se retiro del Departamento de Policia donde trabajo desde 1969-1999. Teniente Hertica es un instructor en la investigación de abuso de nios y casos de violencia doméstica. El ha entrenado en conferencias y para agencias por todo el mundo. Sus temas de instrucción incluyen como el Entrevistar Niños y Adolescentes; Entrevistar y Tomar el Perfil de Ofensores; Investigación de Abuso de Niños; y Violencia Doméstica y los Efectos en los Niños. El teniente Hertica ha publicado artículos de abuso de niños en la revista *The Police Chief,* el *FBI Law Enforcement Bulletin,* y el *APSAC Advisor.* El es el antiguo presidente de la Junta de Directores de la Sociedad Profesional de California en el Abuso de Niños. El tiene su licenciatura en conserjería matrimonial y familiar. El actualmente trabaja para El Centro de Crisis Familiar 1736, un refugio de violencia doméstica y un programa para los adolescentes en Redondo Beach, California.

Traductor

Christell J. Quinche, MA, es una estudiante de psicologia clinica de la universidad Alliant International University en San Diego, California. En el transcurso de su preparación, ella se a especializado como facilitadora de grupos para hombres y mujeres ofensores y victimas de violencia doméstica. Ella ha adquirido diversos entrenamientos y se destaca en poder ofrecer un servicio a la comunidad Hispana en el condado de San Diego.

Prólogo

Este programa refleja una combinación de nuestras experiencias en los papeles que desenvolvemos como consejero y oficial de policía. Por lo tanto, ni el manual ni la guía del terapeuta contiene notas en el pie de páen gina o referencias de otros trabajos. Un capítulo de introducción acompaña la guía del terapeuta, citados en algunas investigaciones y estudios que han surgido durante los últimos 25 años que valida y apoya nuestra propia perspectiva sobre la Violencia Familiar.

El manual provee un esquema para el sobreviviente, para ayudarle en la evaluación de sus relaciones presentes, pasadas, o futuras con el fin de que pueda sanar y luego evitar los efectos destructivos de la violencia doméstica.

El manual no fue elaborado para completar el proceso de sanidad, fue hecho para ser utilizado durante un proceso de crecimiento y cambio por lo cual usted podrá buscar otras vías de información, guía y apoyo. Nosotros animamos a localizar un terapeuta que sea entrenado específicamente en la violencia doméstica, y que demuestre una actitud de paciencia, compasión y ante todo "respeto." El terapeuta podrá tener sus propios deseos para su futuro, pero el o ella deberá poner esos deseos a un lado, y por el contrario, asistirle en el desarrollo de sus propias metas. No es responsabilidad del terapeuta tomar decisiones por el mismo o tomar alguna acción por usted; es responsabilidad del terapeuta apoyarle en su crecimiento para que pueda tomar sus propias decisiones y elegir las acciones que sean correctas. El terapeuta debera proveer información y recursos que incluyan el acudir a otros sistemas de apoyo tales como los grupos de auto-ayuda y terapia en grupo, asistencia policial y servicios legales. El papel de un terapeuta es servir como guía en su jornada, ayudándole en los obstáculos del camino, y aplaudiendo cuando exitosamente logra negociar las dificultades y las vueltas de la vida.

Sea cual sea el resultado de su trabajo, es nuestra esperanza y deseo que este manual le sirva de compañia y que le anime a permanecer siempre segura y valorandose a si misma.

Wendy Susan Deaton
Michael Hertica

Capítulo 1

¿Soy Yo?

- ¿Está usted en una relación y aún se siente aislada y sola?
- ¿Cree qué es culpa suya si su pareja no es feliz?
- ¿Cree qué su pareja solo se enoja porque la quiere?
- ¿Cree qué las críticas de su pareja son solo para ayudarle?
- ¿Su pareja abusó de usted física o emocionalmente?
- ¿Siente que usted o sus hijos corren algun peligro si usted decide salirse de la relación?
- ¿Está en un rehén emocional?
- ¿Teme que no pueda sobrevivir sola?
- ¿Cree que si solo usted cambiará, su pareja cambiará?

Si has respondido si a cualquiera de estas preguntas,
¡Este libro es para ti!

De vez en cuando, todos hemos tenido uno o dos de estos pensamientos, pero si los ha tenido frecuentemente, usted puede ser una víctima de violencia doméstica. Al ser una víctima, usted puede creer ser responsable por causar o por controlar todo lo que pasa en su relación. Puede creer que los problemas en la relación son su culpa. Usted podrá racionalizar, minimizar o justificar el comportamiento de su pareja, y tomar toda la responsabilidad por la violencia. Tomar responsabilidad ofrece un sentimiento de poder y control sobre situaciones que son atemorizantes y abrumadoras. Sin embargo, hay maneras saludables para sentir control sin tratar de manejar o cambiar sentimientos, creencias, y los comportamientos de su pareja.

¿QUE ES LA VIOLENCIA DOMÉSTICA?

La violencia doméstica incluye violencia física, abuso emocional, económico, sexual, intimidación y el uso de los niños para adquirir poder y control. Toda relación es única y es compuesta de diferentes tipos de comportamientos. Una relación puede ser abusiva sin violencia física. Algunas relaciones puede incluir solo amenazas, culpabilidad, e intimidación. Algunos incluyen solo un tipo de comportamiento abusivo. La mayoría de las relaciones abusivas de cualquier manera, incluyen varios tipos de consecuencias perjudiciales.

La violencia doméstica puede sucederle a cualquiera. Puede occurir en familias de diversas razas, colores, religiones y niveles socioeconómicos. Ocurre en todas las edades, en todos los niveles educativos y en diferentes relaciones sexuales. Aunque algunos estudios sugieren que el abuso y los comportamientos violentos ocurren muy frecuentemente en bajo niveles socioeconómicos, teniendo establidad economica o riquezas no lo hace exempto el abuso. La violencia doméstica también puede ocurrir en su propia familia. Para facilitar la lectura, hemos usado el pronombre femenino para hablar sobre las victimas, pero por favor: recuerde que el hombre también puede ser victima de la violencia doméstica.

DEFINICIONES DE LA VIOLENCIA EN LA RELACIONES

1. La violencia física incluye: tirar objetos, empujar, pegar, patear o cualquier otra actividad física que pueda causar algún daño físico.
2. Abuso verbal y abuso emocional incluye: el hacer que se sienta mal de si misma, el decirle nombres ofensivos, hacerla pensar que ha enloquecido, aislándola de sus amistades y seres queridos, culpándola y utilizando otro tipos de "juegos mentales."
3. Abuso económico incluye: se genera con la dependencia económica, sin posibilidades de conseguir trabajo y quitándole acceso al dinero y a sus pertenecías.
4. Abuso sexual incluye: ataques físicos que involucre partes intimas de su cuerpo o forzándole a tener relaciones sexuales contra su voluntad.
5. Intimidación incluye amenazas, gritos, ignorándole, o actuando en maneras violentas enfrente de usted como perforar la pared, romper sus cosas personales, o lastimando a su mascota.
6. Usando a los niños para adquirir poder y control incluye amenazas para quitar la custodia de los niños, privar a sus niños de apoyo económico, o registrando reportes negativos o falsos hacia la policía, servicios sociales, o a la corte.

Estas no son las únicas maneras que se pueda expresar la violencia doméstica, pero son las que occure con más frecuencia. *Si ha tenido alguna de estas experiencias, usted necesita continuar leyendo este libro.*

No existe una solución fácil en las relaciones, y es particularmente cierto en las relaciones donde existe violencia y abuso. Si estás en una relación violenta, este libro no será la respuesta a todos sus problemas. Al contrario, este libro puede servir como un amigo o una guía. Ofrece información de como llego a la relación, como le ha afectado a usted y a sus hijos, y como podrá empezar a tomar, decisiones benéficas en su vida. Le ayudará a ver patrones en su pensar, sentir y actuar que le han conducido a elegir la relación, a la vez le demostrará los patrones que son perjudiciales para usted y sus seres queridos. También le ayudará a encontrar diferentes maneras de ver la vida, y otras opciones y decisiones que puede tomar.

Este libro es para cualquiera que ha estado en una relación que lo ha hecho sentir mal de si mismo, en una relación en la cual no recibió el amor o el respeto que merecía, o en el que fue abusada. Es también un libro para profesionales que trabajan con personas que han estado o están en relaciones de esta indole.

ACEPTANDO DONDE ESTAS

Al leer este libro, usted ya esta tomando el primer pasó hacia el cambio en su vida. Leer este libro significa que usted esta confrontando las preguntas y las preocupaciones que con lleva reconocer que su relacion no es saludable.

El próximo paso en como cambiar su vida incluye el hacerse algunas preguntas importantes.

- ¿Está lista a renunciar su auto-negación y confrontar el problema de violencia en su relación?
- ¿Está lista para admitir que está pasando por una relación dolorosa aunque no quiera salir de ella?
- ¿Está lista para aceptar que su relación ha tenido un impacto negativo en usted y en sus niños?
- ¿Está lista para aceptar que aunque no haya recibido abuso físico en su relación esto no le garantiza que las amenazas vayan a terminar?

Su antepasado pudo haberla preparado a estar en una relación enfermiza o peligrosa. Muchos adultos que viven en una relación abusiva o violenta han anteriormente experimentado algún tipo de abuso o negligencia en su niñez. Si usted fue abusada cuando niña, probablemente aprendió a creer que el abuso fue por su culpa.

> El padre de Raelyn era físicamente y sexualmente abusivo. Cuando le pegaba o abusaba sexualmente de ella, el le decía que ella estaba siendo castigada por ser una "niña mala." Que el abuso pararía siempre en cuando ella llegara aprender a "como comportarse." Raelyn le creyó a su padre. Ella creyó que era responsable por su comportamiento. Cuando adulta, sin entender porque, ella siempre buscaba relaciones en la cual ella recibiría aprobación por ser una "niña buena." Raelyn buscó parejas que le acordaran a su padre-parejas abusivas -y después ella trataba de utilizar diferentes tipos de comportamientos para lograr detener la situación. Por causa de las creencias de su infancia, Raelyn no pudo entender que el abuso en la relación no era resultado de su comportamiento sino al contrario, que era el resultado de haber elegido una pareja abusiva.

Cuando niña le pudieron haber enseñado que el abuso formaba parte de una relación normal.

> Sherri se crío en una familia extensa, con muchos tíos, primos, y hermanos. En la familia de Sherri, las mujeres eran ciudadanas de segunda clase; ellas existían para servir al hombre. El padre y los tíos de Sherri establecían todas las reglas. Sherri no podía tener amistades fuera de la escuela o visitar a sus compañeras. Ella no tenia oportunidad de ver familias donde no había abuso. Las mujeres en la familia de Sherri eran menospreciadas, maltratadas, golpeadas y culpadas por todo lo malo que ocurría. Sherri pensó que así operaban todas las familias—que ser una víctima era el papel que la mujer comunmente desenvolvia.

El cerebro de un niño no esta completamente desarrollado. El desarrollo del cerebro en un niño causa que vea el mundo diferente. No como un adulto suele ver al mundo. Los niños creen que son el centro del mundo, en vez de entender que el mundo existe independientemente de ellos. Ellos no entienden que otras personas y otras circunstancias tienen influencia sobre las situaciones que ellos experimentan. Experiencias que apoyan las creencias de un niño causan que todo sea fácilmente aceptado, mientras que otras experiencias demuestran que su poder e influencia en el mundo es en verdad limitado. Esto no tiene mucho sentido para una pequeña criatura. Las creencias de un niño las cuales, son muy fuertes en ciertas situaciones de la vida, llegan a convencerlos facilmente que ellos tienen la culpa de todo lo que pasa.

Si usted crece creyendo que es culpable del abuso que sufrio cuando niña, o que el abuso es normal, cargara estas creencias hasta que sea adulta. Las experiencias de la niñez son las más poderosas de todas a medida que vas creciendo. Lo que aprendes en la vida después de la niñez puede que no sea tan real o tan verdadero como han sido sus primeras experiencias.

Por ejemplo, imagine un círculo. Dentro del círculo esta todas sus experiencias de la infancia—todas sus memorias, pensamientos, y sentimientos. De estas experiencias, construye el punto de vista del mundo y lo que le rodea. Experiencias que vienen después aparecen como anillos alrededor del círculo original de sus creencias, y todo lo que ocurre después es influenciado por el punto de vista que usted trazo anteriormente.

Si en su infancia usted fue una niña protegida y querida, usted ingresa ra a la escuela y al mundo social, esperando ser tratada de la misma manera. A usted le atrae ra personas que son nobles, cariñosos, y que les de aprobación. Si la mayoría de sus experiencias son de dolor, negligencia y rechazo, por más que no le guste ser herida usted aprendera a esperar lo mismo de los otros y se encontrara atraída hacia personas negligentes y abusivas. Aunque después pueda tener otras experiencias positivas en su vida, estas experiencias no son parte de sus creencias y puede que ellos nunca sean lo suficientemente poderosas en influenciar sus decisiones. Entre mas temprano llegues a la conclusión de quien eres y como es el mundo, mas fuerte va ser el que esas creencias moldean sus futuras decisiones, especialmente cuando se trata de escoger una pareja.

Aunque en su niñez no haya podido entender que usted no era la culpable del abuso, como adulta, usted podra aprender que no es responsable por los sentimientos, actitudes, comportamientos, o las acciones cometidas por los demás.

Cuando uno es victima del abuso, siendo niño o adulto, es natural generar excusas por los comportamientos de esas personas. Es difícil aceptar que la persona que uno ama, y quien dice amarla, le pueda herir. Es más fácil racionalizar y tratar de encontrar razones que justifiquen porque la otra persona se comporto de una manera irrazonable o heriente. Es mas fácil creer que el problema, error, y la culpa es suya; piensas que debes de ser ignorante, estupida o torpe, tal como suele decir su pareja. Cuando racionalizas o justificas a la otra persona y sientes culpabilidad, es mas fácil seguir queriendo y creyendo que eres amada.

El presentar excusas por la otra persona y tomar responsabilidad por la violencia o el abuso puede llegar a ser algo muy peligroso. Este tipo de pensamiento puede carcomer su autoestima y auto valor, causando que pierda respeto a si misma. Al pensar que eres la culpable puedas que no estes protegida ante un comportamiento peligroso y que resulte en una relación que no sea saludable y aun muy peligrosa.

Usted no es responsable por el comportamiento de los demás. El comportamiento es una elección individual, una decisión consciente y nunca debe de hacer excusas para que alguien la lastime, emocionalmente o físicamente—"no existe razon alguna" y ninguna explicación seria razonable. Usted crea excusas por el comportamiento de su pareja porque eso es lo que ha aprendido hacer. Cuando inventa excusas, usted evade el confrontar sus propios temores de huir y la confusión de como va a manejar la situación sola. Usted huye aceptando que su relación no va funcionar. Si usted cree que el comportamiento violento resulta de algo que está haciendo, podrá continuar creyendo que cambiando su propio comportamiento cambiará el comportamiento de su pareja. Creando excusas y tomando culpa le hace creer que tiene el control. Que usted puede cambiar lo que está pasando al solo cambiar su propio comportamiento.

Usted puede intentar otras maneras de evadir el confrontar su dolor de admitir que esta en una relación peligrosa. A veces podrá olvidar, pretendiendo que la violencia nunca pasó. Alomejor olvidando lo que actualmente se dijo, sucedió, y cuan serio fue el peligro. Si puede olvidar, seguirá pretendiendo, imaginando, deseando, y esperando que todo siga bien. Este tipo de evasión se llama negación. Evadiendo la realidad por medio de la negación es vivir en un mundo de fantasía. Cuando se queda en la negación, usted falla en tomar los pasos necesarios para permanecer segura.

Usted podrá minimizar el comportamiento, decidiendo que no es tan serio como parece. Pensará, "Lo que el dijo en verdad no fue tan doloroso. Yo solo soy muy sensible" o "El en verdad no quiso pegarme; el solo estuvo disgustado. Tan solo fue un accidente."

Usted no puede tomar el riesgo de minimizar, racionalizar, o negar. Especialmente no puede arriesgar el olvidar, o es mas seguro para usted, el no olvidar. Debe recordar lo que sucedió. En el fondo, tendrá que dejar que sus recuerdos regresen, no para lastimarla o castigarla, sino como una manera de confrontar la realidad y como medida a mantenerse motivada a crecer y cambiar. Acepte que la violencia es real, que pasó y que tiene que parar.

A medida que empieza a confrontar lo que le está pasando, podrá experimentar muchos sentimientos. Es natural que sienta miedo, pero también comenzarás a sentir la necesidad de tomar una acción, para cambiar la situación. Esto puede hacer que termine la relación, lo cual probablemente tendrá algunas consecuencias importantes. Podrás perder la casa, el apoyo económico provisto por su pareja, y la comodidad de ser casada. Podrá pensar que no remplazará estas cosas o que no podrá sostenerse a si misma o a los niños. Tendras la preocupación de no tener suficiente dinero o un lugar decente para vivir. Puedes pensar que nunca tendrás otra relación, que nunca serias amada, o que siempre estarás sola. Sus temores son normales y naturales, pero usualmente ellos no se hacen una realidad. La mayoría de veces, cuando una persona deja un relación abusiva, encuentra maneras de apoyarse por medio de amistades y profesionales que la pueden ayudar, y—si continúa creciendo y amándose a si misma, encontrara una relación mas saludable. El temor no es una razón para quedarse en una relación infeliz, enfermiza, ni peligrosa.

Otro sentimiento que puedas presenciar es el enojo. Puedes estar enojada consigo misma, con su pareja, con la gente de su pasado, con sus amigos y familiares, o con sus compañeros del trabajo. Usted podrá sentir temor hacia su propio enojo porque le recordara de la violencia, pero si usted no se permite sentirlo, llegará a sentirse impotente y destrozada. Puede que necesite ayuda con su enojo. Un grupo de apoyo o un consejero profesional le podrá ayudar a elegir maneras saludables de reconocer y expresar sus sentimiento sin tener que lastimarse a si misma ni a los demás. Cuando esta trabajando en su enojo, recuerde que no son sus sentimientos de enojo que causan daño o sean peligrosos, sino la manera en que los expresas. El enojo no es un espiral que sale fuera de control; no tiene que hacerle daño a uno mismo ni a los demás. El enojo es un sentimiento natural que experimenta todo ser humano o cuando se enfrenta ante el peligro. En este libro ofrecemos algunas sugerencias constructivas para saber manejar ese enojo.

Si, usted al confrontar lo que está sucediendo decide terminar la relación, ciertamente se sentirá triste y solo. Si eres honesta consigo misma, podrás reconocer que ese sentimiento lo haz llevado por mucho tiempo. No existe situación tan triste o tan sola como es el estar con alguien quien uno ama y no le corresponde. No permitas que la tristeza y sentimientos de soledad sean razón para quedarte en una relación peligrosa. Reconoze que esa tristeza y soledad son reacciones normales hacia la perdida de cualquier relación.

Es possible que desees que esa tristeza o soledad se desvanezca, pero tambien puedes expresar esos sentimientos y tratar de sobrepasarlos. Trata de tomar un tiempo aparte para enfrentar esos sentimientos. Si sientes ganas de llorar, adelante llora. Si la relación no funciono, tienes derecho aun de tener sentimientos al respecto. Estando triste no significa que debes permanecer en esa relación; el hecho que estés sola ahora no significa que siempre estarás sola. Trata esos sentimientos por un tiempo, después podrás ponerlos a un lado y seguir adelante. Si los sentimientos regresan, vuelve a empezar el proceso una vez y otra vez hasta que ya no sientas el dolor.

Finalmente, cuando ya hayas confrontado la decision de tomar los pasos para detener la violencia, podrás sentir un alivio y emoción. Estos sentimientos puede que den vergüenza o incomodidad. Puedes que sientas cierta culpabilidad porque estas feliz que la relación haya terminado. Estos sentimientos también son muy normales y naturales. Puedes que sientas alivio y emoción porque estas haciendo cambios saludables en la vida que traeran mejores tiempos para usted y para sus hijos. Si no sientes alivio y emoción al principio, no es motivo de preocupación. Estos sentimientos vendrán cuando estés preparada a permitir que seas feliz y libre.

Capítulo 2

Los Efectos de la Violencia Doméstica en la Victima

Ciertamente no todas las victimas de violencia doméstica son mujeres, pero si son el porcentaje mas alto. Este capítulo está enfocado en los efectos de la victima, la cual frecuentemente caracteriza a la mujer. Reconocemos, de cualquier manera, que los hombres pueden también ser victimas de la violencia doméstica.

Muchas, si no todas, las víctimas de la violencia doméstica usan la minimización, racionalización, negación o el olvidar para no enfrentar la realidad de su situación.

> Billie le dijo a su terapista: "Marco solo me ha pegado una vez en tres años de casados." Después, sin embargo, ella reveló que el mantenía sus finanzas en secreto y hacia que los ingresos de Billie cubrieran los gastos del hogar. Aparte ellos solo tenían relaciones íntimas cuando el quería y aun mas cuando el venía a la casa después de haber salido a tomar "con los amigos." Le gritaba frecuentemente, y ella se propuso a contarle a su terapista, que Marco nunca le pegaba o le gritaba en frente de su hijo Felipe. "Yo lo dejaría si el lo llegara hacer," Billie declaro muy fuertemente. "Mi mamá y papá pasaron por peores ratos que estos y ellos aun siguen juntos después de treinta y cinco años." Billie no pudo ver que ella estaba en una relación donde había violencia doméstica. Al contrario, ella creía, "Marco es el único hombre que en verdad me ha amado."

Billie es un buen ejemplo de como la víctima de violencia puede llegar a minimizar y racionalizar su situación. Billie tenía motivos para querer negar su realidad. Ella creció en una familia donde la violencia fue algo aceptable. Para sentirse cómoda con su pareja ella eligió creer que la violencia era una parte normal de la relación. Ya que no supo quererse de una manera saludable, ella no pudo imaginar que alguien excepto Marco pudiera encontrarla adorable y deseable. El pensar que Marco la queria y la minimización y racionalización constante de su comportamiento violento, Billie llego a creer que estaba "segura" en su matrimonio.

La mayoría de las víctimas de la violencia doméstica se sienten atrapadas y sin esperanza. Aunque ellas pudieron haber vivido esta situación desde antes del matrimonio o de vivir con su pareja, no saben como cambiarla o detenerla. Ellas tienen miedo de dejar la relación porque no saben como podran asegurar a sus hijos, su estabilidad económica y su seguridad física. Se preocupan por lo que otros pensaran (especialmente si se separan) lo que pensará su familia. No se sienten con la confianza de poder cubrir sus necesidades diarias. Estos temores y preocupaciones conducen a que ellos se queden en una situación violenta por más que sus vidas estén corriendo peligro. Muchas veces se quedan en la relación aunque finalmente hayan reconocido que son infelices y están en peligro.

Las relaciones que contienen violencia doméstica se tornan de muchas maneras. La relación puede contener todo o solo parte de los siguientes elementos: celos, comportamiento controlante, expectativas no realistas, aislamiento, comportamiento acusante, crueldad, amenazas, cambio de humor y un papel rigido tanto para el hombre como para la mujer.

ELEMENTOS DE UNA RELACIÓN DISFUNCIONAL

Celos

La pareja violenta muchas veces cela todo y a todas aquellas personas en su vida, incluyendo su trabajo y los hijos que han tenido juntos. El hombre puede quejarse que nunca pasa suficiente tiempo con el y que nunca le da la suficiente atención. También podrá acusarle de darles mucha atención a otros miembros de la familia, a sus amistades, o a sus pasatiempos, actividades o trabajo. Muchas veces expresan sus celos tratando primeramente de razonar la situación, después haciendo "pucheros," discutiendo, amenazando o tratando de controlarla físicamente. Podrá seguirle o acecharle cuando salga, secretamente escuchar sus llamadas y abrir su correo sin su permiso. El no se sentirá cómodo con ninguna cosa que haga que no sea enfocado en el. Su pareja podrá ser capaz de tener una gran insistencia en sus esfuerzos por poseerla completamente. El tratara de bajarle el ánimo para finalmente lograr que pases menos tiempo con los demás. Su fin es que pares de hacer cosas que lo apartan sea aun cosas que para usted son importantes. Usted podrá abandonar el trabajo por hacer que su pareja se sienta más segura, pero nada de lo que haga será suficiente.

Control

La violencia doméstica genera control. Su pareja se siente fuera de control por dentro y el actúa con inseguridad tratando de controlarla. Quiere controlar lo que piensa y lo que siente, donde va, a quien ve, y lo que hace. Cuando pueda, hasta en las cosas más insignificantes, su pareja tratará de hacer que haga y vea las cosas a su manera. El le pedirá que se cambie el cabello, y el maquillaje, su manera de vestir, y después el hará que cambié todo esto nuevamente. El tratará de convencerla a no entender los asuntos financieros o políticos, y dejar que el mas bien se encargue en decidir como gastan el dinero familiar o como debes votar. Se enojará y atacará cuando trates de actuar independientemente o cuando quieras tomar decisiones propias, incluso cuando las decisiones no tienen nada que ver con el. En casos extremos, hasta el decidir lo que debes de comer para el almuerzo puedá que cause una discusión.

Expectativas No Realistas

Es probable que su pareja tenga expectativas no realistas sobre como debe ser la relación. Creerá que debe saber lo que el quiere y lo que el está pensando sin que el tenga que decir nada. El podrá asumir que usted cree y siente exactamente lo que el piensa y cree. Si el siente deseos de salir a comer un helado de chocolate, pensará que usted también lo debe desear. Creerá que usted sigue dándole la razón a su comportamiento sin importar cuan escandaloso o exigente sea.

Aislamiento

Su pareja querrá separarla de las demás personas y otras actividades que quite su atención. Exteriormente controlará sus relaciones con los demás, o secretamente y sutilmente tratará de sofocar su confianza y afecto por la gente que conoce. Mentirá sobre cosas que sus amistades o miembros de familia han dicho y hecho. Por ejemplo, como al decir que su mejor amiga le coquetea, o que el ha escuchado a su hermana decir que usted es una "estupida." Con el tiempo, sus comentarios negativos podrán causar desconfianza hasta en aquellas personas que son más cercanos. Cuando no pueda confiar en sus padres, hermanos, o sus mejores amigas, solo lo tendrás a el de apoyo, cumpliendo así lo que el quiere.

Cuando una mujer se expone a este comportamiento y cree que no puede salir empieza acomodarse. Aprende a tolerar el comportamiento, a creer, y adaptarse a los sentimientos que el a desarrollado. Su acomodación o amoldamiento permitirá que la relación continúe.

> Desde un principio de la relación, Danielle se molestó por algunos comportamientos que Mitch demostraba. La primera noche después de que se conocieron el empezó a importunarla a que tuvieran un compromiso exclusivo. Aunque ella trató de resistir su insistencia, eventualmente ella se doblegó, esperando que su promesa de exclusividad le ayudará a sentirse lo suficientemente segura para permitir que se relajara y disfrutara la relación. Tan pronto Danielle expresó su compromiso, Mitch empezó a quejarse que ella no pasaba suficiente tiempo con el. Hasta le molestaba que ella pasara tiempo con sus amigas o que le dedicara tiempo al trabajo o a los niños. Las discusiones con Mitch empezaron con pequeños debates, y al principio Danielle pudo sostener su punto de vista y rehusar de hacer le caso a sus quejas. Semanas pasaron y las peleas continuaron. Con el tiempo, Danielle empezó a cuestionarse. "Alomejor soy yo la del problema." "Tal ves no le estoy dando la suficiente atención." No importaba cuanto tiempo y energía Danielle le daba a la relación, sin embargo, Mitch nunca estuvo satisfecho. Las discusiones se agrandaron, se prologaron y se hicieron más difíciles. Pronto Mitch estaba acusando a Danielle de ser fría e incapaz de ser una buena amante. A medida que paso el tiempo, ella empezó a creer que el tenía la razón y que algo andaba mal en ella. Después del primer año en su relación, Danielle había bajado mucho su auto-estima y auto-valor. Se aislaba de su familia y de sus amigos, y aún había un cierto distanciamiento entre ella y sus niños. Danielle nunca más se sintió bien de si misma y

estaba constantemente buscando la aprobación de Mitch. Sus peleas ahora incluían a Mitch gritando, tomando, tirando cosas y culpándola por su perdida de control. Danielle se sentía mal y con temor, pero ella no se sintió lo suficientemente fuerte para arriesgar y terminar la relación. Ella cayó en la trampa de la violencia doméstica por aceptar y acomodarse a las exigencias irrazonables de Mitch.

A medida que la víctima de violencia doméstica se va ajustando y acomodando, empieza a experimentar muchos sentimientos dolorosos y síntomas de severa tensión. Estos son algunos de los sentimientos y comportamientos reportados por las víctimas de la violencia doméstica.

1. *Depresión*—sentimientos de tristeza, impotencia y desesperación. Testimonios dichos por las víctimas de violencia doméstica sobre la depresión:
   - "Yo no puedo recordar como se siente el ser feliz."
   - "Si yo me fuera, el estaría solo y no lo soportaría."
   - "No hay nada que pueda yo hacer."
   - "No hay salida. Yo hice mi cama; ahora me tengo que acostar en ella."
2. *Ansiedad*—sentimientos de ansiedad, incapacidad de enfrentar la situación, estar siempre al borde. Declaraciones dichas por las víctimas acerca de la ansiedad:
   - "Yo siento miedo todo el tiempo. No puedo dormir."
   - "Yo no puedo lidiar con la vida. Yo no puedo lidiar con nada."
   - "Yo no se porque soy así, ahora todo me incomoda."
3. *Disturbios al Dormir*—sin poder dormir, pesadillas, pavor nocturno. Esto es lo que siente al presenciar falta de sueño:
   - "Yo siempre estoy cansada. Nunca me siento descansada."
   - "No quiero cerrar mis ojos. Pasar por más pesadillas."
   - "¿Por qué no podré dormir como una persona normal?"
4. *Bajo Auto-Estima*—falta de auto-valor, una pobre auto-imagen, pensamientos de suicidio, sentimientos de impotencia. Así es como suena la falta de auto-valor:
   - "Yo no se porqué el se queda conmigo. Si no puedo hacer nada bien."

- "Estoy gorda y fea. Nadie mas me va a querer."
- "Quizás el y los niños estarán mejor sin mi."

5. *Expectativas No Realistas*—sentimientos que hacen creer que su pareja va a cambiar, que al cambiar su propio comportamiento, ella puede causar que el cambie:
   - "Cuando a el le den la promoción, el dejará de comportarse de esa manera."
   - "Yo se que lo puedo hacer feliz. Solo tengo que aprender hacer las cosas bien."
   - "El solo actúa así porque me quiere."
6. *Sentimientos de peligro*—sentimientos de peligro para si misma y para los niños. Estos son:
   - "No puedo llegar a la casa tarde; se pondrá furioso."
   - "Desearía irme, pero si el no llegara a encontrarme me iría peor."
   - "Me quitara los niños si yo trato de irme."
7. *Trastorno al comer*—hartazgo del comer, purgarse, o el comer en exceso etc. Esto el lo que pasa cuando sufres trastorno al comer:
   - Usted come aun cuando no tiene hambre porque come para alimentar su corazón y no su estómago.
   - Empieza comiendo solo una galleta; de repente se da cuenta que se ha comido toda la caja.
   - Comes demás y resultas vomitando la comida metiendose el dedo a la boca. Aun se siente vacía, enferma y quieres comer otra vez.

CICLO DE VIOLENCIA

En una relación abusiva hay un ciclo de violencia. Inicialmente, la relación no incluye violencia. Una de las razones que mantiene muchas víctimas con el ofensor es que la violencia ocurre despacio y en períodos largos. El ciclo es seductivo (es tentador) y intensificante (empeorándose con el tiempo). Al principio es difícil ver que el comportamiento de su pareja pueda causar daño y que vaya a ser peligroso. El comportamiento se vuelve mas y mas violento a medida que pasa el tiempo. Muchas veces empieza lentamente con solo pucheros, discusiones y después vienen los gritos, las culpas, los golpes a las paredes, empujos, y finalmente agresión física. ! A la hora que se dan cuenta que la relación es violenta, ya se ha acostumbrado al abuso.

Margurite estaba emocionada cuando su vecino empezó a llamarle la atención. El era muy atractivo, encantador, y tenía un buen trabajo. Sus primeras citas fueron románticas y emocionantes. En una semana, Fernando empezó a presionarla a que se comprometieran. La relación parecía perfecta al principio. Después lentamente, Margurite notó que Fernando se estaba volviendo posesivo y exigente. Ella trató de contarle sus preocupaciones y el aparentemente estuvo de acuerdo entrando en razón y luego apartándose. Pero en vez de tener las presiones cotidianas de una relación, el empezó a molestarla por asuntos menores. Ella no quería empeorar la relación, por eso hizo todo lo posible de hacerlo sentir cómodo. Gradualmente, Margurite notó que ella y Fernando estaban discutiendo con más frecuencia. Sin embargo, cuando no estaban en desacuerdo, todo estaba a la maravilla. Meses pasaron y Margurite pudo ver que Fernando tenía un temperamento fuerte. Por haber llegado tarde a una cita con el, se enojo, le gritó y le pegó mandándola hacia la pared con un puño. Su enojo fue tan explosivo que atemorizó a Margurite haciendola llorar. Fernando rápidamente se calmó y empezó a consolarla. Margurite pensó que su perdida de control era de solo una vez. Ella no pudo ver que ese incidente era solo el principio del ciclo de violencia.

Reconocer que la relación es abusiva es a veces difícil porque la pareja no se la pasa enojado o se violenta todo el tiempo. Toda relación tiene su propio patrón de altos y bajos. En algunas relaciones, la violencia explosiva ocurre diariamente o semanalmente. En otros, la violencia no ocurre con frecuencia. Con algunas parejas, años pueden pasar entre una y otra explosión de violencia. Cuando la violencia no es frecuente hace que sea mas difícil para que la víctima se libere de la relación; durante cada período de calma, ella cree que el ciclo ha finalizado.

A medida que el ofensor va por el ciclo de violencia, su comportamiento cambia. Estos cambios en su comportamiento pueden confundirla. El ciclo empieza con la acumulación de tensión en la relación. Puede empezar simplemente como un sentimiento de tensión o inconformidad cuando esta con su pareja. Después hay un período de crítica, culpa, gritos, e intimidación. Nada de lo que haga esta bien

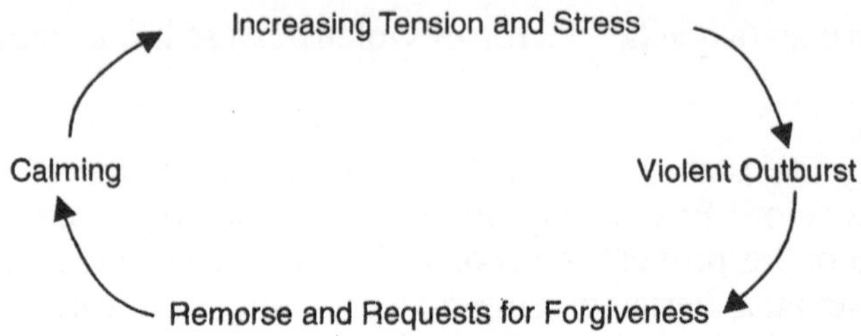

y cualquier cosa que haga "mal" es por su culpa. Entre mas trate de corregir lo que hizo mal, mas será culpada. La tensión continúa aumentándose hasta que haya una explosión.

Durante la etapa violenta del ciclo, algún tipo de violencia física tiende a ocurrir. El ofensor puede tener un momento de furia y empezar a tirar o romper cosas, pegarle a la pared, empujar, patear o golpear. Es en este momento que empieza a sentir temor. A veces otros escuchan la explosión de la violencia y llaman a la policía. Durante las explosiones de violencia puedes pensar en irse, salirse de la relación. Se podrá dar cuenta que usted no merece ese castigo, que usted no tiene que vivir bajo ese tipo de tensión. Desarrollará un plan para salirse definitivamente o temporalmente.

Después de la explosión, sin embargo, su pareja expresará pena y remordimiento por lo ocurrido. El aparentemente llegará a entender lo que hizo y prometerá nunca ser violento con usted otra vez. Su petición de ser perdonado revive el sueño que las cosas cambiaran, que la relación va mejorar. Promesas y aseguranzas de amor causan que no termine con la relación. Derepente, tiene otra vez la esperanza. En el ciclo de violencia, la etapa del perdón va a la mano con la etapa de la luna de miel. De cualquier manera, sin ayuda, intervención o alguna consecuencia, la luna de miel sólo durará un corto tiempo. Eventualmente, la tensión empezará ha aumentar y el ciclo se repetirá.

Cuando usted se encuentre fuera de control, la tensión precipita el ciclo de la violencia doméstica. La tensión proviene por condiciones del hogar o de la relación, pero la tensión también se precipita por otras situaciones que pueda ocurrir en la vida de su pareja, tales como su trabajo, presiones económicas o presiones internas que trae consigo mismo del pasado o traumas que no haya resuelto. Las reacciones de su pareja, son similares a las suyas, porque envuelve el comportamiento aprendido en el pasado. Si su pareja no ha tenido la oportunidad de aprender maneras constructivas de expresar su frustración, la violencia resultara la manera más natural de desaguar el enojo.

El ciclo de violencia es predicible y continuará ocurriendo por más que intentes pararlo. Todos en su familia tendrá que participar si desean romper el ciclo de violencia. El primer paso requiere reconocer que no eres culpable, y que no podrás controlar, el comportamiento de su pareja. Si tienen niños, vas a querer ser un ejemplo para ellos. Vas a querer reducir las veces que tengan que aprender lecciones equivocadas, al trazar límites o barreras hacia comportamientos destructivos o no saludables. Querrás que tus niños entiendan lo que pueden y lo que no pueden controlar. Le tendrás que enseñar las mismas lecciones que necesitas aprender, por ejemplo, que uno no es la causa, el control ni la cura en el comportamiento violento de los demás.

En el capítulo tres, hablaremos más sobre los efectos de la violencia doméstica en los niños y como se les puede enseñar a evitar relaciones enfermizas. Viviendo en medio de la violencia doméstica eventualmente destruye su auto-estima, auto-valor y su auto-confianza. Si eres constantemente criticado, culpado, intimidado, o físicamente irrespetado, por medio de empujos, patadas, golpes, violación sexual, eventualmente llegaras a creer que algo en usted o algo que ha hecho causó el abuso, por resultado su auto-estima y auto-valor decae al ver lo que esta sucediendo.

Mientras el ciclo de violencia y el comportamiento de su pareja este fuera de control, es probable que empieces a perder seguridad en la habilidad de manejar la propia vida. A medida que empieces a sentir la incapacidad de controlar la violencia, también podrás empezar a cuestionar la habilidad de controlar otros aspectos de la vida. El sentir que sus decisiones y acciones son constantemente criticadas y cuestionadas, provoca que uno llege a dudar de si misma. También empezarás a perder seguridad en la habilidad de tomar decisiones en cuanto a la vestimenta, como gastas el dinero, como crías los niños, como deberías ser con sus amistades y otros familiares o como relacionarse en el trabajo.

La perdida de auto-estima, auto-valor, y seguridad en si misma hace que sea difícil que veas claramente su capacidad de terminar la relación y a la vez sobrevivir. Con baja auto-estima y baja auto-valor empezaras a cuestionar si alguna otra persona llegara amarla, y si alguna vez podrás obtener una relación. El pensar que estarás sola por toda una vida podrá ser muy triste y doloroso de confrontar. Creerás que el quedarse en una relación enfermiza es mejor que no tener una relación.

El perder la seguridad en si misma, especialmente si se extiende hacia el trabajo o su profesión, también apoyará a que se quede en una relación enfermiza. Podrás sentir que es muy difícil tomar las decisiones necesarias para dejar la relación. Probablemente encontraras que por más que deseas dejar la relación, tendrás dificultad pagando las cuentas y tendrás que pensar a donde vivir y como cuidar a los niños. Muchas veces optan por quedarse en la relación simplemente por que no crees tener otra opción.

> Maria era una fisioterapista exitosa, dueña de su propio negocio, cuando conoció a Ricardo, un paciente con un serio problema en la rodilla. Aunque era casado, Ricardo y Maria eventualmente se involucraron en una relación íntima; dos años después, el dejo a su esposa. Maria nunca pensó que Ricardo era posesivo; al contrario ella interpretaba sus constante críticas como su manera de ayudarla a crecer, y sus demandas como un reflejó de cuanto la necesitaba y la quería. Al paso de los meses, Maria le puso más energía y devoción en contentar a Ricardo y en aliviar sus necesidades, deseos, y preocupaciones sobre el trabajo, los niños, su problemas, y su dolor. Hasta que un día Ricardo empezó a despertar a Maria a la media noche para que escuchar a sus preocupaciones y para que le diera masajes en la pierna. Por más que esto le molestaba, ella puso su resentimiento a un lado y excusó su comportamiento. Muchos años después que empezaran la relación, Maria desarrolló una enfermedad peligrosa. Su negoció no dio resultado porque ella no pudo trabajar con regularidad. Sus amistades y familiares también se apartaron, expresándole a Maria con mucha delicadeza que Ricardo los hacia sentir incómodos. Cuando Maria estuvo hospitalizada con cáncer del seno, una trabajadora social la fue a visitar y trato de ayudarle a que viera cuan consumida estaba por la relación. Aunque Ricardo no fue físicamente abusivo con ella, sus constantes críticas y demandas habían destruido su seguridad. Ahora el cáncer que traia Maria decayó la poco auto-estima que le quedaba. Ella se sintió completamente dependiente de Ricardo económicamente y emocionalmente. Ella no podía imaginar su existencia sin el. Cualquier comportamiento que Ricardo fuera a demostrar en un futuro, Maria no podría contemplar la idea de dejarlo.

El abuso emocional o verbal tiene como intención destruir sus sentimientos positivos para que no puedas lograr dejar la relación. En el interior de un ofensor, existe una persona insegura de si misma y que se siente inferior ante los demás. El se siente atemorizado y bombardeado cuando estas fuerte y feliz consigo misma; por ende razón, es que el ataca esas cualidades. A medida que usted se sienta mal de si misma, su pareja se siente mas fuerte, pero a la vez se enoja porque el cree no poderla respetar. Estas reacciones trabajan juntas en un ciclo vicioso que contribuyen a la violencia.

Quizás encuentres que los valores o creencias aprendidas en la niñez sobre el matrimonio, la lealtad, y el compromiso estén en conflicto con su deseo o necesidad de dejar la relación. Las reacciones de otros miembros de la familia y sus creencias religiosas puedan causar que pienses que el dejar la relación no es una opción. Valores familiares o religiosos son factores importantes al tomar una decisión sobre la relación, y es apropiado que todos estos factores sean considerados. Sin embargo, es importante no utilizar un sistema de valores idealizados para evadir el confrontar la responsabilidad que tienes hacia si misma de permanecer fuera de peligro.

Si estas en una relación con un ofensor, es esencial que reconozcas que nada de lo que hagas, incluyendo el sacrificar su seguridad y su valor propio, cambiará la situación. La violencia podrá terminar solo si su pareja, por si mismo, reconoce el problema y decide por sus propios motivos buscar ayuda.

Capítulo 3

Los Efectos de la Violencia Doméstica en los Niños

COMO LOS NIÑOS SE DESARROLLAN BAJO TENSIÓN

En el curso del desarrollo infantil, la energía biológica de cada niño se mueve con naturalidad empezando desde sus primeras tareas de supervivencia hacia pasos más complejos y sofisticados. Niños en la infancia, por ejemplo, aprenden a regular su habilidad para comer y dormir en un patrón rutinario. Ellos gradualmente se empiezan a ver a si mismo como un objeto interesante y a la vez empiezan a relacionarse con sus alrededores y con aquellos que los rodean. Si niños crecen en un medio ambiente seguro, su desarrollo se desenvuelve con naturalidad. Ellos se sienten seguros al ser móvil, sentarse, gatear, caminar, y finalmente correr. Ellos aprenden a comunicar y eventualmente separarse de la protección de sus padres o de aquellos que lo cuidan. En el intento de hacer un lugar para ellos en el mundo logran examinar sus fuerzas y habilidades.

Niños en la infancia que crecen bajo tensión y confusión no pueden enfocarse en su desarrollo en una manera normal. La mayoría de su energía es utilizada para tratar de entender, lidiar con y protegerse de eventos atemorizantes que le rodean. El ajustarse al mundo puede atrazar, distorcionar, e interrumpir el curso natural del desarollo.

Infancia

Como ha sido mencionado, la violencia doméstica tiene un efecto dramático sobre los niños. Esto puede empezar cuando la criatura esta en el vientre. Más del 50 porciento de las mujeres embarazadas que están en una relación abusiva son golpeadas aun cuando están embarazadas.

Aunque el niño nazca saludable, niños criados en medio de la violencia doméstica empiezan a vivir con riesgos físicos, mentales, emocionales y espirituales. Durante la infancia, al trazar un lazo con la madre, estos niños pueden experimentar dificultades. Ella podrá distanciarse de sus hijos para que ellos no tengan que afrentar el peligro o al contrario pueda tratar de mantener sus hijos muy cerca de ella para protegerse a si misma de la violencia. La madre podrá utilizar sus hijos como una corraza, creyendo que ella no será abusada si ella toma en sus brazos a su niño. Desafortunadamente, ya que empiece el abuso físico, la mayoría de las madres encuentran que sus criaturas no les provee la protección y, que aun, sus acciones ponen en riesgo a sus hijos.

En una escena de violencia doméstica los otros riesgos que sufren los niños incluyen interrupciones en el horario de comer y dormir, la reducción del afecto constante, el riesgar que el niño sea lastimado al sacudirlos, dejarlos caer, pegarles con un objeto, o a propósito lastimarlos. Todos estos riesgos son una amenaza hacia el desarrollo natural de un niño.

La Edad Preescolar

Niños en la edad preescolar llevan los efectos de la violencia doméstica a todas las áreas de su vida. Ellos podrán sufrir disturbios al dormir pueden experimentar pesadillas que los despiertan gritando; quedando absolutamente aterrorizados por sus sueños. Comportamientos regresivos tales como el chuparse el dedo, el estar constantemente apegado, o cuando se orina en la cama después de haber sido entrenado a orinar en la taza pueden ser causas de la confusión e inseguridad.

Durante los años pre-escolares, niños internalizan los comportamientos observados, empezando que esto efectúa el proceso del aprendizaje. Esta etapa del desarrollo mental permite que los niños crean que ellos son el centro del mundo, y por ende, los responsables de todo; esto provoca que ellos se sientan culpables por la violencia. Constante con su desarrollo natural, los niños tambien llegan a identificarse con el pariente del mismo sexo. Muchas veces, el niño trata de modelar el ejemplo del hombre en la familia (usualmente el agresor) mientras la niña aprende a modelar el papel de la mujer (usualmente la victima).

Los Años Elementarios

> Cuando Juan de nueve años y Maria de diez años llegaron al la casa de refugio, eran niños muy difíciles de tratar. Sufrian dificultades al mantener la concentración y cuando se enojaban o se frustraban, Juan se ponía violento y Maria lo apoyaba. Los otros niños le tenían miedo. Cuando un ayudante del refugio trato de corregir su comportamiento trazándole limites y consecuencias, su madre trato de rescatarlos, como ella antes hacia con el padre de los niños. La madre inicialmente culpaba al refugio y a los otros niños por ser una mala influencia. Ella decía que el comportamiento de los niños era peor en el refugio de lo que era en la casa. Ella no se daba cuenta que el refugio, los hacia sentir más seguros de revelar su temor y enojo.

Durante los años escolares, el comportamiento de los niños muchas veces continua siendo diferente al de las niñas. Esto se basa mas que todo en el pariente con quien el niño se llega a identificar que suele ser el pariente de su mismo sexo. Su comportamiento se llama género específico; que significa que el niño generalmente demuestra diferentes actitudes y comportamientos que al de las niñas. Niños muchas veces se comportan mal o externalizan la tensión que están viviendo. Mientras las niñas, tienden a internalizar su dolor y tensión. Esto significa que los niños que frecuentemente se involucran en comportamientos agresivos han vivido bajo la violencia doméstica, incluyendo peleas, desobediencia en la casa y en la escuela, y la destrucción de propiedad. Mientras las niñas son más propensas a sufrir depresión, ansiedad, y aislarse de los demás. Por ejemplo, estos niños empiezan a quejarse del dolor físico, de dolor de estomago o dolores de cabeza. Estos papeles género específicos, sin embargo, no son tan rígidos que tenga que excluir la posibilidad que unos de los sexos no vaya a exhibir algunos de esos comportamientos que comúnmente se ven en el sexo opuesto. En otras palabras, las niñas pueden llegar a comportasen mal y los niños pueden sufrir dolor de estomago. Desafortunadamente, por su comportamiento agresivo, el niño varón muchas veces atrae la mayor parte de la atención, dejando a que la niña, que también sufre, sea ignorada.

Problemas en la escuela empiezan a aumentar durante este tiempo. Estos niños pueden que estén tan preocupados por lo que esta pasando en casa que ellos no puedan concentrasen en el aprendizaje. El desarrollo social también se empieza afectar cuando el niño, quien no ha aprendido métodos constructivos de resolver conflictos, se confunde al ser confrontados por parámetros interpersonales. Pueda que el niño que se de mas o menos hacia las amistades, tenga dificultades al saber como relajarse con la fluidez natural de una relación. Algunos niños, al contrario, podrán escapar de sus problemas enfocándose intensamente en el estudio, tanto en lo académico como en lo social.

Interferencia Académica

El desarrollo escolar puede ser dramáticamente afectado por la violencia doméstica en un número de maneras específicas:

1. El niño falta a la escuela por quedarse en la casa ha proteger a la mama.
2. El niño no entrega sus tareas a tiempo por su inhabilidad de concentración en la casa, especialmente durante las etapas de la violencia donde la tensión va aumentando y hay una explosión.
3. Los niños se podrán quedar dormidos en la clase porque temen quedarse dormidos en casa. Muchas veces esto sucede por miedo a que su madre sea lastimada mientras dormian. Esto, mas las pesadillas, pueden causar que el niño este cansado o se quede dormido en la clase. Estos problemas pueden resultar en una pérdida de progreso académico, bajas calificaciones, baja auto-estima, y más problemas en la casa.

Interferencia Social

Niños de familias violentas tienen dificultad al traer amigos a la casa. Ellos no han aprendido como las interacciones sociales funcionan, experimentan problemas al establecer confianza en las relaciones y tienen dificultad reconociendo situaciones amenazantes. Algunos niños llegan a ser "parentificados"; eso significa que ellos llegan a crecer muy rápido tratando de asumir el papel de adulto o pariente. Muchas veces asumen este papel en el intento de cuidar al pariente que esta siendo abusado o para proteger a sus hermanos menores. Estos niños están especialmente a riesgo de ser lastimados por un incidente de violencia, de correr peligro en situaciones que no reconoce ser peligrosas, y a veces llegan hasta intentar el suicidio.

Adolescentes

> Marcos pasaba mucho tiempo solo con su padre arreglando la casa. Cuando su hermana mayor, Riley, le expreso su frustración por no proteger a su madre de los asaltos de su padre, Marcos explico que el temía interferir por miedo de que fuera a pegarle cuando el y su padre estuvieran solos. Tanto Marcos como Riley les confiaron a sus amistades que ellos no querían tener hijos; ellos no querían tener un niño que temiera como ellos temen a su padre.

Los años de la adolescencia es una etapa cuando los niños buscan independizarse. Adolescentes que han sido expuestos a la violencia doméstica, sin embargo, podrán no tener la habilidad de manejar esta fase de su vida exitosamente por la disrupción de su desarrollo a tan temprana edad. El adolescente que esta siendo retado por la vida en este momento podrá utilizar un número de respuestas.

El hecho que las cosas en casa estén tan difíciles, el adolescente que ha vivido con violencia doméstica podrá conseguir una familia substituta (pandillas o grupos que abusan las drogas o el alcohol, etc.) donde se sientan aceptados. Estas amistades pueden conducirlos a comportamientos agresivos, antisociales, o criminales y aun pueden experimentar más dificultades en ajustarse a la casa o la escuela. Aunque una familia substituta no fuese hallada, comportamientos antisociales pueden ocurrir (robar, abuso de substancias, disturbios en la escuela) como una manera de atraer atención a si mismos. Atención negativa es mejor que no recibir atención alguna. El suicidio es también una preocupación en algunos de estos casos.

Basado en las experiencias que los adolescentes han tenido con sus familias, ellos son vulnerables al tener relaciones abusivas. Violencia en una relación parece ser algo normal, algunos adolescentes hasta creen que una relación abusiva es mejor que no tener relación alguna. La violación en una cita, que con frecuencia no es reportada, llega a ser un problema comúnmente visto en los adolescentes.

Adolescentes que actúan con violencia usualmente creen que la violencia es una forma apropiada de resolver el conflicto y una manera de obtener respeto y control. Algunos creen que la violencia puede ser explicada si hay una razón o excusa, tal como el beber o alguna otra provocación.

Los Efectos Emocionales de la Violencia en los Niños

Niños que son testigos de la violencia doméstica pueden experimentar todas las mismas emociones dolorosas y síntomas de tensión sentidas por la victima. Los niños pueden sufrir depresión, ansiedad o problemas al dormir, o hasta pueden llegar a desarrollar sentimientos de inferioridad. Muchos niños sienten impotencia y sin la esperanza hacia el futuro, mientras otros sienten enojo y furia. Algunos niños generalizan sus experiencias en la casa y empiezan a ver o sentir peligro en todo lugar. Ellos llegan a aislarsen, a sospechar, o aun sentir paranoia hacia la gente. Niños pueden desarrollar problemas con la alimentación, empiezan a revelarsen sexualmente, o empiezan a usar drogas o alcohol para escapar el temor y dolor que sienten como resultado de la violencia familiar.

Sus hijos quieren y necesitan ser protegidos de la violencia y requieren de un adulto fuerte y saludable que se pueda cuidar a si misma y a ellos. Si es necesario, hasta estar dispuesta a dejar la relación.

La mala noticia para los niños que crecen en un hogar violento es que ellos pueden sufrir problemas emocionales, físicos, académicos, y sociales. La buena noticia es que los niños son increíblemente resistentes. Con la ayuda apropiada, los niños pueden recuperarse de los efectos de la violencia doméstica y aprender mejores maneras de relacionarse a otros.

Capítulo 4

El Ofensor

Chan era caballeroso e inteligente. El mantenia un trabajo estable con un buen ingreso económico y solo criaba a su hijo. Maureen creyó que finalmente había conseguido el hombre de sus sueños. La primera semana toda parecía perfecto. Pero luego las quejas comenzaron cuando. Chan empezo a sentirse rechazado. Chan se que-jaba que Maureen no pasaba suficiente tiempo con el y ni le prestaba atención. El no confiaba en ella, la presionaba por un compromiso estable, queriendo trazar la fecha de la boda. Meses despues Maureen en varias ocasiones trato de romper la relación. Las quejas constantes de Chan la estaban agotando. El había comenzado a decirle necedades. Atacando su personalidad, haciéndola sentir culpable e inferior. Cuando intentaba romper la relación, Chan regresaba pidiendo perdón y prometiendo cambiar. Paso un año y los argumentos se hicieron más fuertes, largos, y destructivos. Aun cuando Chan buscaba reestablecer la relación, Maureen accedía. "Yo se que pelear no es bueno" ella dijo, "pero solo quiero ayudar a que Chan se sienta mas seguro. No es como si nuestra relación sea en verdad violenta, después de todo no es que el me pegara o algo por el estilo."

Muchas cosas incentivaban a que Maureen siguiera en la relación a pesar de los problemas que Chan tenía con su inseguridad y enojo. Primeramente ella estaba muy atraída a el. Su cargo en el trabajo y su apariencia de ser buen padre la incentivo a seguir en la relación. Mas que todo, Maureen estaba impresionada por su determinación y su persistencia de estar con ella. Ella pensaba, "el me ama demasiado. A pesar de todo lo que soporta el sigue regresando conmigo."

Maureen no se consideraba una victima de violencia doméstica. Por mas que Chan no hubiese utilizado la violencia física, las peleas entre los dos estaban afectando su auto-estima. Si la relación continuara, probablemente la frecuencia e intensidad de las peleas, hubíeran resultado en violencia física.

No existe característica o razón alguna en el ofensor que explique porque el hace lo que hace. No se puede identificar al ofensor cuando se conoce. El se ve como cualquier otra persona, puede ser su amigo, vecino, doctor, hermano o hasta usted mismo.

El ciclo de la violencia doméstica es íntergenérico; en la mayor parte de los casos, es un patrón de comportamiento violento que se aprende en casa. Los ofensores han aprendido que por medio de las amenazas, intimidación, y la violencia ellos pueden obtener el control de sus hogares. Las lecciones de la violencia doméstica se aprenden por medio de personas expuestas, experiencias y algunos familiares. Solamente algunos familiares selectos, como la madre y sus hijas, son lastimadas. En otras familias, los hijos pueden ser duramente criticados, degradados, humillados, pateados, golpeados o empujados. En algunas familias puede que sea los abuelos contra los niños; esto es el comienzo de un riesgo hacia el abuso en si mismo.

En el interior de cada ofensor hay un individuo frágil e inseguro, bombardeado por sentimientos de inferioridad, ansiedad, depresión, y furia reprimida. Estos poderosos sentimientos hacen que el ofensor en su diario vivir se sienta impotente. Como la victima, el ofensor se siente confuso y atemorizado, sin la capacidad de considerar una variedad de opciones. Cuando esta molesto el reacciona impulsivamente, acertándose de una manera agresiva para tratar de controlar su medio ambiente y la gente que le rodea. Sin ninguna intervención, de esta manera el comportamiento del ofensor continuara y empeorara.

El ofensor se puede encontrar en cualquier sociedad económica, racial, étnica, educativo y entre diversas edades. Aunque la mujer puede ser violenta, la mayoría de los ofensores son hombres. Algunos ofensores son fáciles de reconocer porque siempre parecen estar enojados y son predecibles. Pero otros pueden parecer perfectamente "normales" en su comportamiento diario, solo saliendo a relucir en algunas circunstancias estresantes. No importa cual sea el estilo del ofensor, todos son igualmente peligrosos.

Estos son algunas de las características en el comportamiento de los ofensores:

- En el comienzo de toda relación tiende haber una presión inmediata para hacer planes hacia el futuro. Aunque no haya llegado a una solidez estable en la relación.

- A medida que la relación continua, el puede demostrar falta de control sobre sus impulsos y su temperamento y enojo son impredecibles.
- El exceso de celos es expresado y acusaciones son hechos contra usted. El intenta controlar sus actividades y su contacto con otras personas. El invade su privacidad, abre su correo, escucha sus mensajes telefónicos, y aun esculca su propiedad privada.
- El trata de aislarla de su familia y amistades, reclamando que su compañía debería satisfacerla totalmente.

El ofensor tiene una variedad de mecanismos de defensas mentales y emocionales que lo ayudan a justificar su comportamiento. El culpa a otros por sus fracasos y problemas, usando racionalización, minimización, proyección, y negación para explicar sus acciones y evadir responsabilidad de su comportamiento. Mientras el ofensor pueda mantener la creencia que su comportamiento violento es justificable y excusable, el no podrá efectuar ningún cambio en su acciones.

- El mantiene un papel rígido hacia el hombre y la mujer y puede ser forzoso durante el sexo.
- El es físicamente y verbalmente cruel hacia los niños, animales y hacia usted.
- El usualmente abusa alcohol y otras substancias.

Usted podrá ver otros comportamientos que son peligrosos; sin embargo, los comportamientos que se han presentados son los mas comunes.

Hombres que son abusivos muchas veces consideran a su pareja y a sus hijos como su propiedad, esperando que ellos satisfagan ciertos papeles y se comporten en ciertas maneras específicas. El ofensor se molesta cuando gente extraña, incluyendo familia, amigos, o las autoridades como la policía o la corte interfieren. El ofensor cree que esta en su derecho de controlar a la familia, trazar expectativas, e imponer la disciplina como el la ve necesaria, si intervención de alguien afuera. Las creencias de muchos de los ofensores son reforzadas cuando la victima, vecinos, o amistades llaman a las autoridades y las autoridades fallan en tomar acción. Después de algunos incidentes donde las autoridades se involucran y ninguna consecuencia es recibida, el ofensor podrá empezar a sentir apoyo de las autoridades.

Cual sea la causa de la agresión, sea genético, aprendido, o relacionado al abuso de substancias, el cambio no se dará acabo hasta que el ofensor experimente consecuencias serias por su comportamiento. El comportamiento violento es generalmente aprendido a muy temprana edad y es, por lo tanto, asociado con emociones intensas y primitivas, que el ofensor honestamente se llega a sentir fuera de control. Los siguientes comentarios fueron escuchados en un grupo de ofensores:

- "Por culpa de esa perra. Yo le di todo, pero nada de eso fue suficiente. Ella siempre quiso más y me seguía reclamando. Yo no le hubiera pegado si ella no me hubiera empujado."
- "Por culpa de la policía. Ellos salieron y ni me escucharon. Ellos tomaron su lado. Ellos habían venido muchas veces antes y nunca paso nada."
- "Si yo hubiera tenido el dinero para contratar un abogado no me hubieran condenado. El ofensor público no le importa. De todas formas todos le creen a la mujer. ¿Pero y mis derechos que?"

Para que el cambio ocurra, el ofensor deberá tener un poco de introspección sobre sus comportamientos inapropiados. El deberá ser capaz de entender que en vez de lograr la seguridad, amor, y la atención que necesitaba, el ser posesivo, los celos, y la violencia destruyo a sus seres queridos y los condujo a tener resentimiento, rechazo, y hasta odio. En la mayoría de los casos, el cambio solo ocurre cuando el ofensor se da cuenta que su comportamiento abusivo le da mas perdidas que ganancias.

Es posible que un evento natural y aun traumático, tales como una enfermedad en la familia, un accidente, o el fallecimiento de un ser querido sea necesario para que tome concienca, pueda reflexionar y lo motive a que reevalué su comportamiento. Otras consecuencias, tales como la perdida de su esposa e hijos, el ser arrestado, o la causa de un daño irrevocable en alguien quien el estima, puede influenciar el esfuerzo a que cambie. Desdichadamente, sin consecuencias naturales, emocionales, o legales el ofensor no tendrá razón para cambiar.

Muchos ofensores encuentran que sus problemas y actitudes se agrandan a resultado del abuso de substancias. Existe una relación fuerte entre el abuso de las drogas o el alcohol y la violencia doméstica. Miembros de la familia pueden reportar que la violencia ocurre solo cuando el ofensor esta tomando o usando drogas, o cuando el esta sufriendo la tensión de su desintoxicación. Sin embargo, es importante reconocer, que el abuso del alcohol y las drogas no causan el comportamiento abusivo. Ellos solo son racionalizaciones. Asuntos sobre el abuso de substancias y dependencia química deberán ser tratados para que el cambio sea significante y duradero. El ofensor no puede evaluar su comportamiento o traer cambio a su vida sin que el este limpio y sobrio por un periodo de tiempo significativo. El participar en un programa de drogas y alcohol y la afiliación a un grupo de Alcohólicos Anónimos (AA) o Narcóticos Anónimos (NA) son programas esenciales para sobrepasar el comportamiento violento.

Capítulo 5

Lo Que Puedes Hacer

Una relación violenta es un peligro para su sobreviviencia física, mental, emocional y espiritual. Aunque usted ame a su pareja, usted debe de entender que su amor no puede cambiar, controlar, o curar el comportamiento violento. Usted merece vivir libre de la amenaza a la violencia.

Muchas victimas de violencia doméstica permanecen con el ofensor por su baja auto-estima y falta de auto-valor. En otras palabras, algunas victimas pueden llegar a amar al ofensor mas de lo que se aman a si mismas. Ellas pueden llegar a creer que el es mas importante, que su vida es mas valiosa, y que sus necesidades deben de ser cumplidas. Esta perspectiva no es saludable y es muy peligrosa. En una relación saludable, la pareja llega a quererse a si mismo tanto como se llega a querersen mutuamente.

Amarse a si misma no significa que uno sea egoísta, egocéntrico, o despreocupado. Simplemente significa que su seguridad, felicidad, y bienestar merece atención. El otro significado es el poder ejercer el derecho de vivir libre de la violencia que su pareja impuso debido sus sentimientos de inseguridad y dolor.

Muchas de las parejas que experimentan conflicto matrimonial utilizan conserjería familiar o conyugal para resolver sus diferencias. Parejas que experimentan violencia como parte del conflicto matrimonial podrán también creer que ellos podrán recibir ayuda por medio de consejería. Desdichadamente, la consejería de familias y entre parejas no se ha encontrado ser útil para familias donde hay violencia. En la consejería conyugal y familiar, la relación es vista como el enfoque, y la violencia es vista tan solo como un síntoma. En muchas ocasiones durante la conserjería, es difícil que la persona abusada sea abierta y honesta en la presencia del ofensor. Ella podrá temer que después de la sesión, el ofensor pueda atacar con violencia por los hechos revelados durante la sesión. También, el hecho que la consejería es dirigida a mantener la relación, es probable que a la mujer la hagan en parte responsable por la violencia. El creer que la victima es responsable por el abuso, pueda reenforzar al ofensor que su comportamiento es razonable y aceptable. Aunque la consejería conyugal pueda ser de algún valor y sea que los dos individuos seriamente esten trabajando en la relación, es probable que pueda ser útil solo después de haber tratado otros tipos de terapias. Otras terapias puede traer cambios necesarios, hacia el concepto de poder y el control, tanto en la victima como en el ofensor.

Los ofensores pueden beneficiar de terapia individual, pero aun la terapia individual tiene sus limitaciones. En la terapia individual, se le permite al ofensor enfocarse en como manejar su enojo, mientras la raíz fundamental de su problema con el enojo y la agresión, tales como el aprendizaje defectuoso y asuntos sobre el origen familiar, son minimizadas o ignoradas. En la terapia individual, el ofensor tiene la oportunidad de manipular y moldear el punto de vista del terapista sobre su vida familiar. Sin chequear con los demás miembros de la familia, el terapista no tiene manera alguna de saber si el ofensor honestamente esta cambiando su comportamiento.

La terapia individual puede ser una influencia importante en la recuperación de la violencia doméstica, pero para ser efectivo debe ser visto como una pequeña parte de un gran sistema. La terapia individual, tanto para el ofensor como para la victima, debe siempre incluir un resumen detallado de sus antecedentes familiares y relacionales.

Un completo procedimiento para el ofensor de violencia doméstica deberá incluir los siguientes componentes:

1. El ofensor debe tomar la responsabilidad civil y criminal
2. Durante el curso de tratamiento para el ofensors, deben proveer protección y apoyo hacia la mujer y sus hijos
3. El tratamiento de abuso de substancias y dependencia química, incluyendo la afiliación a AA o NA
4. La terapia en grupo para el ofensor (En la terapia en grupo, el ofensor es confrontado por otros como el, otros con quien el se identifica y reconoce todas las maneras que el trata de evadir el aceptar responsabilidad por su comportamiento. La confrontación en grupo tiene el poder de traspasar las defensas emocionales y la negación, de cierta manera que ni individuos, tales como los familiares, amistades, o el terapista mismo ha podido lograr.)
5. La terapia en grupo para la victima (En la terapia en grupo, la victima es dada el apoyo y la guía practica para protegerse a si

misma y a sus hijos. Al romper su aislamiento ella tiene la oportunidad de mirar las percepciones y creencias destructivas que han sido desarrolladas como resultado de la influencia que tiene el ofensor sobre la victima.)

6. La terapia para los niños (En la terapia en grupo, los niños son asegurados que la violencia en casa no es su culpa. Miembros de la familia comparten el temor, dolor, y furia que resulta de la violencia, y cada niño aprende que su familia no es la única familia que experimentan dificultades. Los niños también son educados en como manejar sus propias inseguridades, enojo y sobre todo como mantenerse seguros de la violencia en casa.)
7. Terapia individual para el ofensor (En la terapia individual, el ofensor puede explorar las raíces de su comportamiento violento. El puede examinar la crisis o el trauma de su niñez que puedan haber causado enojo, puede llegar a entender sus percepciones, y hasta puede llegar a identificar esos comportamientos aprendidos. Esto lo ayudara a construir seguridad en si mismo y a desarrollar cierta herramientas que le ayude a manejar su comportamiento destructivo.)
8. Terapia individual para la victima (En la terapia individual, la victima puede resolver su crisis y trauma del pasado, aprender nuevos patrones de comportamientos, y reconstruir su auto-estima y su auto-valor.)
9. La terapia de niños (En la terapia individual, los niños de familias violentas puede expresar sus sentimientos por medio del juego, arte, movimiento, y la comunicación. La terapia permite que los niños resuelvan sus temores y preocupaciones, desarrollen herramientas para saber como controlar su enojo, y aprendan métodos de auto-protección. La terapista de los niños puede ayudar a que entiendan que la violencia entre adultos no es culpa de ellos y, a la vez, logre animarlos a que se sientan más seguros.)

Cuando la terapia no funciona o no es la respuesta, debes hallar otras soluciones. El hecho es que si nada se llega hacer al respecto, es probable que la relación no vaya a mejorar. Muchos harán la pregunta, "¿Porque no se va?" Pero la mayoría de las victimas en una relación saben que la solución no es nada fácil. Aquí hay algunas sugerencias que puedes tratar si la terapia no es la respuesta.

Aprende cuales son los recursos en su comunidad. Todas las comunidades tienen algún tipo de línea de crisis para hallar información sobre la violencia doméstica. Los consejeros de estas líneas de crisis están acostumbrados a tratar situaciones violentas y pueden proveer ideas y recursos. Ellos pueden referir a agencias o programas que le asistan. Muchas comunidades también tienen refugios que hospedan a mujeres y niños si deciden irse. Le ayudara el saber que usted no tiene que quedarse en una relación peligrosa o dolorosa. Usted tiene otras opciones. *Memoriza el número de teléfono de la línea de crisis.*

Aprende como la leyes sobre la violencia doméstica trabajan en su comunidad. Usted podrá recibir ayuda por medio de la policía o la corte, en casos de emergencia usar ordenes de protección, o ordenes de restricción, o otros instrumentos legales. Estas órdenes pueden ayudar a protegerla, pero recuerda que es solo un pedazo de papel. Una orden de restricción no servirá de nada si usted no esta dispuesta a reenforzarlo y llamar por ayuda cuando usted siente que no se puede proteger a si misma.

Ten un plan de seguridad. Esto es crucialmente importante. Si usted decide irse, usted necesita un plan. La mayoría de las mujeres son lastimadas más cuando deciden irse que en cualquier otra ocasión durante la relación. Sin un plan, la probabilidad de ser lastimada aumenta. Muchas mujeres que se van pronto regresan, y ellas pueden irse en varias ocasiones antes de finalmente permanecer distanciadas. Aunque este patrón de irse y regresar a la relación puede ser desanimante, no se de por vencida. No es fácil romper patrones de toda una vida. Vete cuantas veces crees necesitarlo, hasta que puedas permanecer distanciada del todo. Se lo mas claro posible sobre las cosas que la hacen ir y lo que la hacen regresar. Siendo honesta consigo misma es una parte importante en el proceso del crecimiento.

PLAN DE SEGURIDAD

Seguridad Durante un Incidente Explosivo

1. Si una discusión parece inevitable, trata de ir a un cuarto o una área donde este cerca de una salida. Trata de evadir los baños y las cocinas u otros lugares donde haya armas. En el baño, el agua, el secador, o las pinzas para encrespar, los pisos de mármol, y las porcelanas pueden ser utilizados como armas. También, los baños

usualmente tienen solo una salida y no permiten una salida o escape fácil e inmediata. Aun si tienes una puerta por atrás, la cocina sigue siendo peligrosa porque contiene acceso al fuego para quemar, el agua para hundir, y cuchillos, tenedores, licuadora, y otros objetos que pueden ser utilizados para lastimar.

2. Practica el salir segura de su casa. Identifica el camino que la sacara de la casa lo más rápido y segura.
3. Ten una maleta empacada y manténla guardada a la mano, como en la casa de una amiga. Con una maleta empacada, usted no tendrá que perder tiempo localizando artículos importantes, dándole al ofensor la oportunidad de convencerla de no irse-o de usted misma convencerse de no dejarlo.
4. Busce un vecino quien usted le pueda contar sobre la violencia y pidale que llame a la policía si el o ella escucha disturbios en su casa.
5. Desarrolla una señal de aviso para usar con sus hijos, familia, amistades, y vecinos para dejarles saber cuando usted necesita a la policía.
6. Planea a donde ir si usted se tuviera que salir de su casa, aun si piensa que usted no tendrá la necesidad de irse.
7. Utiliza sus propios instintos y juicio sabiamente. Si la situación es muy peligrosa, considera darle al ofensor lo que el quiere para calmarlo y espera un mejor momento para irse. Usted tiene el derecho de hacer lo que usted vea necesario para protegerse a si misma y a sus hijos hasta que usted este fuera de peligro.

Seguridad Cuando Se Prepara Irse

1. Abre una cuenta de ahorros en su propio nombre para obtener independencia económica. Piensa otras maneras de aumentar su independencia.
2. Deja dinero, un par de llaves de repuesto, copias de los documentos mas importantes, y una muda de ropa con alguien quien usted confía para que se pueda ir rápidamente.
3. Decida quien le pueda otorgar alojamiento o quien le pueda prestar algún dinero. No le diga a nadie que no sea su persona de confianza.
4. Mantenga el número telefónico de una casa de refugio a la mano. ¡Memorícelo!

5. Repasa con frecuencia su plan de seguridad. Cuando llegue el momento de irse, usted pueda que no este capacitada para pensar claramente y tendra que actuar automáticamente. Tracé y ponga en practica sus planes cuando usted este calmada y pueda pensar claramente.

Recuerda que el tiempo mas peligroso
es cuando usted decide irse.

Seguridad en Su Propia Casa

1. Si el ofensor deja el hogar, cambia las chapas de las puertas lo más pronto posible. Compra chapas adicionales y piezas que aseguren las ventanas.
2. Conversa el plan de seguridad con sus hijos para cuando no estés con ellos.
3. La escuela, guardería, y a las niñera de los niños deben ser informados, sobre quien tiene permiso de recogerlos y quien no deberá tener acceso a los niños.
4. Los vecinos y el propietario deben ser informados que su pareja ya no vive mas con usted y que deberán llamar a la policía si ellos lo ven cerca de la casa.

Seguridad con una Orden de Restricción

1. Averigua que ordenes de restricción están disponibles. Para hacerlo, usted debera llamar la oficina de abogados del distrito, la oficina de victimas, el servicio de abogados, o el departamento de policía.
2. Mantén la orden protectiva contigo en todo tiempo. En muchas comunidades, si usted tiene una orden de protección y llamas a la policía, ellos deben de llegar tan pronto sea posible. Sin una orden de protección, usted podrá tener dificultad de recibir ayuda cuando la necesite.
3. Llame la policía si su pareja de cualquier manera rompe la orden, sea por escrito, una llamada, o llendo a su trabajo o casa. No espere que la situación se haga mas violenta para llamar y buscar ayuda.
4. Sus amistades y familiares deben de estar informados que usted tiene una orden de protección. Insiste que ellos se pongan de

acuerdo para protegerla de su pareja. Esto requiere que ellos no esten dispuestos a mandar mensajes del ofensor pidiendo perdón ni dejar que el crea que su comportamiento es aceptable. Mas que todo, ellos no le pueden mencionar donde usted se encuentra. Dale una copia de la orden a una amiga, miembro de su familia, o terapista.

5. Se inteligente; recuerda, una orden de protección no previene que usted sea lastimada.

Seguridad en su Trabajo y en Público

1. Decide quien en el trabajo le piensas contar sobre la situación. Siempre debes de tener informado al vigilante de la oficina o del edificio.
2. Varía su rutina. Trata de coordinar que las llegadas y salidas y también las rutas hacia el trabajo sean diferentes.
3. Haz un plan de seguridad para cuando salgas del trabajo. Asegurase que alguien la acompañe a su auto o al auto-bus. Piensa lo que haría si algo le fuera a suceder en camino a su casa para así estar preparada a responder en caso de emergencia.

Su Seguridad y Salud Emocional

1. Si piensas regresar a una situación potencialmente abusiva, comparte un plan alternativo con alguien de confianza y quien respetas.
2. Si tienes que comunicar algo a su pareja, hazlo en la manera más segura posible, en un lugar público donde haya gente alrededor que la pueda proteger. Nunca este de acuerdo de meterse a un auto con su pareja, no vaya a un apartamento, casa, o oficina privada con el, y nunca vaya a una playa o parque aislada. Aunque usted crea que las cosas están bajo control y que usted las puede manejar, nunca ponga su seguridad a riesgo.
3. Practica pensamientos positivos sobre si misma y el ser asertiva con otros sobre sus necesidades. Usted necesita reconstruir su auto-estima.
4. Busca conserjería para usted y para sus hijos. Incluye grupos de apoyo para las victimas.

5. Decide con quien puedes hablar libremente y abiertamente para que tengas el apoyo que necesitas para permanecer segura.

Que Llevar Consigo Si Se Va

- Identificación
- Certificados de Nacimientos
- Libreta de banco
- La chequera
- Orden de Protección
- Medicinas
- Expedientes escolares
- Seguro Social
- Pasaporte
- Juguetes pequeños para niños
- Fotos y posesiones personales
- Licencia de conducir
- Dinero
- Papeles de la aseguranza
- Contrato de alquiler
- Libreta de teléfonos y direcciones
- Joyas
- Permiso de trabajo
- Identificación del Welfare
- Papeles de divorcio
- Llaves de la casa y del auto

Las preparaciones que usted haga antes de irse puede que sea la diferencia entre estar segura o exponerse al peligro. El prepararse bien puede ayudarla a sentirse fuerte y en control, asi usted podrá ser exitosa en su busqueda hacia la libertad.

Capítulo 6

Después Que Se Va

Finalmente haz logrado adquirir la valentía y los recursos para dejar la relación y ahora piensas en el porvenir. Al principio podrás tener muchos miedos y preocupaciones.

- ¿Se mantendrá retirado?
- ¿Me mantendré retirada?
- ¿Qué pasara cuando el quiera ver a los niños?

Con el tiempo, usted se sentirá aliviada y con energía. Aun sentirá mucha emoción, porque usted finalmente rompió el patrón del abuso. Eventualmente usted empezara a experimentar dolor por la perdida de su relación. En diversas temporadas, su dolor va involucrar diferentes emociones. Es apropiado sufrir la perdida de su relación, aunque reconozca que el terminar la relación fue lo mejor que pudo haber hecho. Usted sufrirá la perdida por el amor que tuvo, por el amor que pensó tener, o por el amor y la felicidad que usted espero crear. Usted sufrirá la perdida porque la relación no funciono. Tambien sufrirá la perdida de un sueño fallecido, de un cuento de hadas no realizada. Por eso es importante que se permita el tiempo y el espacio necesario para experimentar todas estas emociones. Este es el tiempo para sufrir su perdida y sanar. Usted podra sanar a medida que se permita sobrepasar el dolor.

> Tomo catorce años para que Mariana finalmente decidiera dejar a su esposo. Por mucho tiempo, Mariana pensó que se sentiría bien recobrar la valentía de irse. Después de todo, ella había pasado muchos años sufriendo la perdida de una relación que ella quiso tener con su esposo. Aunque ella se preocupaba por su seguridad económica y de tener que lidiar con su ex-esposo sobre las vistas de los niños, ella no se había preocupado de su reacción emocional. Un poco después del rompimiento, Mariana se sorprendió y se molesto

por haber extrañado a su esposo. Ella noto que se ponía a pensar sobre todas las cosas buenas y que poco a poco se iba desvaneciendo todas las memorias de los momentos infelices y violentos que vivió junto a el. Aproximadamente siete meses después del rompimiento, Mariana noto que ella extrañaba su esposo más que nunca. Mariana compartió sus sentimientos con un consejero quien la ayudo a identificar lo que en ese preciso momento marcaría sus quince años de aniversario de bodas. El consejero ayudo a que Mariana recordara las razones que la motivaron a que se fuera. El también retrazo los sentimientos de Mariana, ayudándole a ver que estos sentimientos eran memorias nostálgicas, las memorias que ella hubiera, obviamente, querido mantener. Pero el índico que estas memorias eran solo una pequeña porción del gran esquema y que las memorias y sentimientos que ella estaba experimentando no eran razón para regresar a una relación abusiva. Mariana pudo reconocer que ella necesitaba más tiempo para sufrir la perdida de su matrimonio. Estaba bien que ella estuviera triste, y era normal que ella se sintiera sola. Al reconocer y trabajar esos sentimientos, ella pronto pudo traspasarlos y aceptar que el rompimiento de la relación fue lo mejor que le pudo haber sucedido. A medida que su dolor se fue desvaneciendo, Mariana, por primera vez noto que desde su rompimiento, ella pudo pensar sobre su exesposo sin sentir odio ni ansias. Ella empezó a notar que habían otros hombres atractivos al su alrededor y que ella se sentía elogiada cuando un hombre en el trabajo empezaba a prestarle atención. Aunque ella no estaba preparada a tener otra pareja, Mariana reconoció que finalmente ella estaba dejando ir y sobrepasando su relación abusiva.

CONSTRUYENDO UNA RELACION CON SI MISMO

Con el tiempo usted pasara el susto, la tristeza, el enojo, y el alivio y llegara la preocupación por el futuro. Se preocupara de estar sola. Se preguntara si algunavez llegara a encontrar otra relación. Puede hasta que llegue a desconfiar su capacidad de elegir una pareja saludable. Se preocupara que nadie la va a querer. Todos estos pensamientos y sentimientos son normales y naturales; le suceden a todos que dejan una relación, abusiva o no abusiva.

El crecer en medio de sus preocupaciones y temores, requiere que usted se enfoque primeramente en si misma, que pueda poner a un lado la idea de tener otra relación. Permita que la relación precisa venga en el momento apropiado, cuando usted este lista. Por ahora es más importante aprender a estar sola. Saber enfrentar la soledad y el temor de una manera saludable, creando un sistema de apoyo de personas que verdaderamente la quieran, la respetan, y la apoyen a estar feliz con si misma.

Practica el querer ser buena consigo misma, empezando con la necesidad de reconstruir su auto-estima. Trata de tomar el tiempo y de ahorrar algo de dinero, si puedes, para dar un paseo especial o para comprar algo personal. Usted no tiene que gastar mucho dinero. Algunas cosas nuevas como una sobrecama para el cuarto, o algunas flores frescas, pueden hacer una gran diferencia en su vida. Aunque no tenga mucho dinero para gastar, se puede dar un trato especial al tomarse un largo baño en la tina, hacerse un vaso de chocolate caliente, o caminar en el parque. Haz una lista de todas las cosas que usted pueda pensar que la hará sentir bien y trata de hacer cuanto mas pueda por si misma todos los días. Con el tiempo, usted encontrara que su auto-estima y auto-valor regresará y empezará a reconocer que su relación con si misma es mas importante que cualquier otra relación que tenga.

CONSTUYENDO UNA RELACION CON OTRA PERSONA

Espero que usted se haya cuidado y, al a vez, empezado a trabajar sus asuntos o problemas en la terapia o en un grupo de apoyo. Suficiente tiempo ha pasado y usualmente requiere un mínimo de un año, para que puedas empezar a considerar la posibilidad de otra relación. ¿Como sabrás lo que es tener una buena relación? ¿Cómo puedes evitar el caer en otra relación abusiva? Los siguientes pasos le ayudaran a protegerse:

1. Haz una lista que explique el significado de lo que consiste una buena relación. Haz otra lista de señales que avisen cuando hay peligro de abuso. Coloque estas listas donde usted las pueda ver. Mírelas frecuentemente y meditelas. Cuando usted conozca a alguien, compare sus acciones con la lista así le ayudara a determinar objetivamente si esa persona es alguien la cual usted pueda considerar como pareja.

2. Cuando usted conozca a alguien por primera vez que le parezca interesante, ve despacio. Los primeros tres meses de la relación es un periodo de infatuación. Durante la infatuación usted no podrá ver la persona que es, usted solo vera lo que usted quiere ver en la persona. No haga ningún compromiso durante este periodo de tiempo. Si el la presiona muy rápidamente a involucrarse con el seriamente o comprometerse, deseé cuenta que esto puede ser una señal de aviso.
3. Mire sus acciones. Acuérdese que las palabras, promesas, o explicaciones son fáciles, y en realidad no dicen quien es su pareja. Ponle menos valor a sus palabras y mas valor a lo que hace y como se comporta. Nota si lo que dice sobre el pasado llega a ser cierto. Nota si el cumple sus promesas. Nota sus acciones, no sus palabras.
4. Pida el conocer otras personas que han estado en su vida-su familia, amigos, compañeros de trabajo, y aun su jefe. Mira la manera que el interactúa con estas personas. Observa cuales son sus reacciones hacia el. ¿Observa si ellos demuestran amor, afecto, y aceptación hacia el? ¿Acaso dicen cosas buenas de el? ¿Acaso parece que ellos tratan de darle alguna advertencia a que se cuide? Si el evade en sacarla a pasar tiempo con sus amistades o miembros de su familia, reconozca que el evadir es motivo de precaución; el claramente esconde algo importante que no tendría que esconder si el fuese una persona honesta y abierta, y en búsqueda de una relación significante y real.
5. Llevalo a que conozca a su familia, amistades, y compañeros de trabajo. Pregúntales honestamente lo que piensan sobre el. *Toma las opiniones de la familia y de las amistades seriamente.* Recuerda que ellos no tratan de detener su felicidad; ellos solo tratan de protegerla de su propio patrón enfermizo. Si ellos expresan preocupación o no llegan a aprobar su relación, esto no significa que debes dejar la relación, pero si es una señal que debes considerar con mucha precaución esa relación antes de involucrarse. Usted no tiene que dejar que su familia o que sus amistades elijan su relación, pero ellos la han observado en otras relaciones y conocen los tipos de problemas que uno tiende a tener al elegir una relación saludable.

Recuerda que su familia y amistades no están bajo el velo de la ilusión e infatuación que pueda estar encubriendo sus ojos. Ellos podrán ver la potencialidad de los problemas de una manera más realista y más claro de lo que puedas ver en el presente. Aunque solo sean pocas las personas en su vida que expresen preocupación y duda sobre su interés romántico, es importante tomar estas preocupaciones y dudas seriamente. Usted pueda que quiera continuar la relación. Si esto es lo que decide hacer, toma las preocupaciones de sus amistades y su familia seriamente y con precaución. Asegurese de prestarle atención a los comportamientos que han causado preocupación en aquellos que amas.

Si su interés amoroso evade el conocer a sus amistades y familiares o si el se incomoda de tener que compartir su compañía con ellos, reconoce que estos son comportamientos peligrosos.

6. Espera aunque sea un año antes de comprometerse a vivir o casarse con su nueva pareja. Un año provee el tiempo que se necesita para observarlo en diversas situaciones. Usted necesita tiempo para que la infatuación desvanezca y pueda empezar a ver la verdadera persona que le interesa. Mira lo que el hace cuando algo triste o estresante le sucede, y como el reacciona cuando usted esta triste o estresada. Mira lo que sucede cuando el se enoja con alguien y lo que sucede cuando el se enoja contigo. Trata de confrontar honestamente su reacción ante situaciones y no acepte o haga excusas por el. Mide su comportamiento con la lista. Si el no cubre los requisitos de la lista, debes de estar dispuesta a dejar la relación ahora, antes que se profundice.
7. Préstale atención a sus sentimientos y reacciones intuitivos. Estos sentimientos son clave en mantener su seguridad. Si se siente "mal," "con miedo," "culpable," "sin valor," "equivocada," o "enojada" en su relación, eso significa que usted no se esta cuidando a si misma. Usted se preocupa más por las necesidades y sentimientos de el que por los suyos. Esto es el primer pasó hacia una relación peligrosa. Si usted experimenta sentimientos negativos, su relación necesitara una evaluación. Aunque sea cierto que toda relación tiene problemas, y que la mayoría de las parejas tienen desacuerdos, en una relación saludable los problemas, asuntos, o desacuerdos pueden ser resueltos sin que se sienta mal de si misma, y sin ser físicamente lastimada.
8. Contrario a lo que puedas pensar ahora, no es cierto que todas las parejas pelean o que toda relación requiere un trabajo constante. Lo que es cierto es que toda pareja tiene sus diferencias y

desacuerdos y que toda relación en algún momento necesitara atención.

Para tomar una buena decisión sobre una nueva relación, usted debe asegurarse de ver las siguientes señales que compone una relación saludable.

1. El la respeta como una persona separada e independiente. El la trata con igualdad, sin hacerla menos que el o superior a el. El respeta su privacidad y los limites que trazas para su propia comodidad y seguridad.
2. El le interesa escuchar sobre sus sentimientos, opiniones, e intereses. El quiere formar parte de su vida y hace el esfuerzo de llegar a conocer sus amistades y familiares.
3. El pregunta su opinión al hacer decisiones que le puedan afectar. El considera sus sentimientos y opiniones como si fueran legítimos y los valora cuando no estas de acuerdo.
4. El la apoya emocionalmente cuando pasa por un problema o se encuentra con mucha tensión. Usted puede contar con que el sea cariñoso y colaborador cuando confrontes algún problema. El nunca utiliza sus momentos de debilidad o secretos compartidos para manipular, castigar, o tomar ventaja.
5. El solo quiere compartir una igualdad en su relación sexual. El no esta interesado en manipularla o forzarla a tener sexo cuando usted se sienta incomoda.
6. El no le tiene miedo a las diferencias que existen entre ustedes y esta dispuesto a negociar y comprometerse para llegar a un acuerdo en que los dos estén cómodos.
7. El apoya su éxito personal, profesional y económico. El esta orgulloso de y no se siente amenazado por sus logros.
8. El maneja sus propios sentimientos negativos y reacciones en una manera honesta y madura. Cuando el se enoja o se molesta, el se puede expresar sin culpar, criticar o recurrir a las amenazas o a la violencia física.
9. El es responsable de su estado económico.
10. El es capaz de mantener su propia identidad y al vez se dispone a compartir su vida con su pareja.

Usted pudo haber sufrido tanto dolor en su relación, que su nuevo temor seria el no poder reconocer una buena relación o el no permitir que alguien se acerque a usted aunque sea una persona buena y amorosa. Por lo tanto, trata de respetar sus propias preocupaciones y temores, utilizelas para que le ayuden a recordar cuan precavida debes de ser sobre una unión prematura. Cuando usted empiece a interesarse por otra persona ve despacio. Si usted ha elegido una persona madura, responsable, y amorosa el entenderá porque estas a la defensiva, estará dispuesto a trabajar contigo, y daría el tiempo que necesites para construir su confianza en el. Si el es impaciente, la crítica, o hace burla de sus temores, el no es la persona para usted. Después de algunos meses de estar en una relación segura, usted notara que ha empezado a bajar su guardia, confiando mas en el y en si misma. Si después de algunos meses usted aun se siente con miedo y esta en guardia, busca la guía y la ayuda de un consejero profesional. El consejero le ayudara a ver la diferencia entre sus propios temores y las cosas que parecen ser causa de una gran preocupación. Si se siente segura en su relación pero a la vez tiene mucho temor de llegar a algo mas intimo, la terapia le ayudara a sobrepasar estos temores al explorar los riesgos que habitan en el deseo de amar otra vez.

SUS HIJOS

Mientras este aprendiendo a cuidarse a si misma, usted también tendrá niños de quien preocuparse. Sus hijos podrán tener los mismos sentimientos y reacciones al dejar el ambiente abusivo en la que vivían. Lo más importante para sus hijos al hacer el ajuste de irse es como usted vaya a manejar la situación. Usted puede ayudar a que el cambio sea mas comodo para sus hijos, comportandose de una manera calmada, asegurandoles que usted esta en control y que usted se encargara de todo.

Sus hijos pasaran por un proceso de muchas perdidas. Ellos podrán estar muy tristes, enojados, temerosos, felices, aliviados, o preocupados por el futuro como lo esta usted. Mas sín embargo, ellos pueda que no tengan los mismos sentimientos que los suyos.

Sus hijos tendrán sus propias experiencias con su pareja. Ellos podrán no haber sido personalmente abusados. El ofensor puede haber manipulado sus pensamientos, creencias, y sentimientos, así como el manipulo los suyos. Sus hijos pueden estar confusos y a la vez atemorizados en su decisión de irse.

Recuerda que sus hijos pueden querer al ofensor y pueda que sea duro para ellos entender porque no se pueden quedar con el. Ellos podrán quererlo aunque hayan sido abusados. Usted tendrá que respetar los sentimientos que tengan sus hijos y a la vez trazar límites y barreras que sean saludables para ellos. Diles que esta bien el amar a su padre (como sea la relación) pero que no esta bien que los maltrate. Se firme cuando le digas que no es aceptable que ellos lastimen o abusen a alguien, no importa cuan enojados estén o cual sea la razón. Estos mensajes son muy importantes para sus hijos porque ellos pudieron aprender de lo observado en la relación. Que la manipulación, control y el abuso son maneras de lograr lo que quieren. El decirle a sus niños que, usted y ellos, merecen ser tratados con amor y que usted no se quedara con alguien que sea abusivo es muy importante.

Sus hijos se podrán enojar por haberse ido y podrán culparla por todos los problemas que han ocurrido en la familia. Trata de no tomar su enojo personal. Muchas veces es más fácil y más seguro que los niños se enojen con la victima, la persona más débil de la familia, que al ofensor quien ellos suelen temer. Si ellos expresan enojo y culpabilidad hacia usted, eso significa que ellos han logrado sentirse lo suficíentemente seguros para expresar lo que sienten sin temor a la violencia.

Trata de no ponerse a la defensiva si sus hijos expresan culpabilidad o enojo hacia usted, pero si es necesario trazar limites si sus hijos tratan de abusarla verbalmente o físicamente. Es bueno decirle a los niños que usted respeta sus sentimientos y que esta bien si ellos quieren hablar sobre ellos. Sin embargo, es importante que usted cree haber tomado la mejor decisión para todos, y que esperas que ellos puedan respetar la decisión aunque ellos no estén de acuerdo.

Los hijos muchas veces tienen dificultad al hablar sobre sus sentimientos o el mostrar sus emociones. Ellos podrán actuar como si nada hubiese ocurrido y podrán hacer lo suyo como niños, jugando cuando puedan y saliendo con sus amigos cuando se les permite. No cometa el error de pensar que el irse no les va a molestar. Al contrario, observa cuidadosamente las señales de angustia en sus hijos y ayúdelos a expresar sus sentimientos sobre la situación.

Aquí hay algunas cosas que usted puede hacer para ayudar a que sus hijos expresen sus sentimientos:

1. Si sus hijos expresan angustia sea verbalmente o por medio de su comportamiento, usted podría decirles, "Yo estoy notando que usted esta (enojado/triste/con medio). Yo me pregunto si se sienten de esa manera porque nosotros hemos dejado (a papa). Yo siento algunos de los mismos sentimientos. Alo mejor nosotros podemos hablar sobre eso."
2. Si sus hijos no quieren hablar, usted podría decirles, "Yo noto que ustedes se sienten (tristes/con miedo/enojados). . . . Yo quiero que sepas que está bien que tengan sentimientos y yo estaré aquí si quieren hablar sobre ellos."
3. Si sus hijos no quieren hablar sobre sus sentimientos o sobre la situación, anímalos a que lo escriban o lo dibujen. Provéeles algunos juguetes que les permitan expresar sus sentimientos por medio del juego, tales como el jugar a la casa, o a el policía si es que la policía se involucro en detener la violencia. Si sus hijos están enojados, les puede ayudar a tener acceso a un bate de béisbol de corcho o un bulto de harina. Al darle a sus hijos disversas maneras de expresar sus sentimientos le indicara que usted realmente los entiende y respeta.
4. Si sus niños aparentan querer hablar pero no quieren hablar contigo, pregúntales con quien estarían dispuestos hablar, y así les ayudas hacer un arreglo para que puedan tener tiempo con esa persona en privado. Déjales saber a sus hijos que está bien si ellos no quieren hablar contigo—usted quiere respetar su privacidad y sus sentimientos—pero es importante que ellos le hablen a alguien para que sus sentimientos no se acumulen ni se lastimen por dentro.
5. Si sus hijos no están hablando sobre su enojo o tristeza pero si se están aislando; regresando a comportamiento infantil o apegándose a usted; se orinan o defecan después de haber sido entrenados a ir al baño, pegándoles a otros niños, o sus hábitos al comer, dormir, jugar, o estudiar han sido interrumpidos, consigue ayuda profesional para ellos. Un consejero puede ayudar a que su hijo encuentre maneras saludables para expresar sus sentimientos y reacciones emocionales. Por el momento, no permita que en este tiempo sus hijos se mal acostumbren o estén fuera de control. Continua a trazar limites firmes y constantes para prevenir que ellos sean destructivos con si mismos, con usted, y hacia otros, incluyendo a los animales o posesiones de mucha importancia.

Recuerda que la cosa más importante y necesaria para sus hijos en este momento es que vean que usted puede manejar las cosas, y saber que los ama y se preocupa como les pueda afectar los cambios. Al actuar calmadamente, firmemente, y al tomar cualquier oportunidad para asegurarles que su amor por ellos nunca desvanecerá, usted podrá ayudarles en cada situación.

Sus hijos han estado creciendo en una familia enfermiza. Han visto y aprendido patrones de pensamientos y comportamientos que no son saludables. Tal como usted necesita crecer libre, también ellos. Usted es la llave de su libertad para que lleguen a ser adultos saludables y cariñosos. Ustedes pueden llegar a crecer juntos hacia la libertad.

NOTAS

NOTAS

NOTAS

NOTAS

Índice